O FATOR SORTE

MAX GUNTHER
O FATOR SORTE

Tradução
Adriana Ceschin Rieche

1ª edição

best.
business

Rio de Janeiro | 2013

CIP-BRASIL. CATALOGAÇÃO-NA-FONTE
SINDICATO NACIONAL DOS EDITORES DE LIVROS, RJ

G985f
Gunther, Max, 1927-
    O fator sorte / Max Gunther ; tradução: Adriana Ceschin Rieche. – Rio de Janeiro: Best Business, 2013.

    Tradução de: The luck factor
    ISBN 978-85-7684-575-1

    1. Sucesso. 2. Sorte. 3. Autorrealização. I. Titulo.

13-1729.
CDD: 158.1
CDU: 159.947

Texto revisado segundo o novo Acordo Ortográfico da Língua Portuguesa.

Título original norte-americano
THE LUCK FACTOR
Copyright © 1977 by Max Gunther.
Copyright da tradução © 2013 by Editora Best Seller Ltda.

Publicado em 2009 no Reino Unido pela Harriman House Ltd.
www.harriman-house.com

Capa: Igor Campos
Editoração eletrônica: Ilustrarte Design e Produção Editorial

Todos os direitos reservados. Proibida a reprodução,
no todo ou em parte, sem autorização prévia por escrito da editora,
sejam quais forem os meios empregados.

Direitos exclusivos de publicação em língua portuguesa para o Brasil
adquiridos pela
EDITORA BEST SELLER LTDA.
Rua Argentina, 171, parte, São Cristóvão
Rio de Janeiro, RJ – 20921-380
que se reserva a propriedade literária desta tradução

Impresso no Brasil

ISBN 978-85-7684-575-1

Seja um leitor preferencial Record.
Cadastre-se e receba informações sobre nossos lançamentos e nossas promoções.

Atendimento e venda direta ao leitor
mdireto@record.com.br ou (21) 2585-2002

Por que algumas pessoas têm mais sorte do que outras e como você pode se tornar uma delas.
Max Gunther

Para Dorothy, minha maior sorte.

Sumário

O retorno   11

A busca   13

Parte 1 — Marés de sorte   15
Capítulo 1 — Os benditos e os malditos   17
Capítulo 2 — Duas vidas   34

Parte 2 — Especulações sobre a natureza da sorte: algumas tentativas científicas   45
Capítulo 1 — A teoria da aleatoriedade   47
Capítulo 2 — As teorias psíquicas   67
Capítulo 3 — A teoria da sincronicidade   81

Parte 3 — Especulações sobre a natureza da sorte: algumas tentativas ocultas e místicas   99
Capítulo 1 — Números   101
Capítulo 2 — Destino e Deus   115
Capítulo 3 — Amuletos, sinais e presságios   124

Parte 4 — O ajuste da sorte   135

A busca   137

Capítulo 1 — A estrutura da teia de aranha 139
Capítulo 2 — Intuição 153
Capítulo 3 — *Audentes fortuna juvat* 177
Capítulo 4 — O efeito catraca 195
Capítulo 5 — O paradoxo do pessimismo 208

O retorno

VOCÊ TEM EM MÃOS um título há muito perdido que foi restaurado à vida. Quando *O fator sorte*, de Max Gunther, esgotou, os leitores foram privados de uma das obras mais fascinantes e agradáveis de ler sobre este tema tão envolvente: a sorte.

Se você realmente quisesse (muito), poderia ler outros livros sobre como conquistar novos amigos, influenciar pessoas, hipnotizar-se, alcançar a paz interior e o sucesso exterior. Mas não teria mais como ler *O fator sorte*.

Esta exploração jornalística repleta de histórias fascinantes — juntamente com conselhos e análises provocativas — estava perdida no tempo ou em sebos.

Essa perda especialmente lamentável foi se tratar de um livro que aborda como ter mais de uma das coisas mais difíceis de conseguir: a boa sorte. Este não é um livro comum sobre a sorte — e é por essa razão que já estava mais do que na hora de devolvê-lo às livrarias.

Esta nova edição de *O fator sorte*, de Max Gunther, traz de volta ao público uma novidade: um livro que mostra como aumentar sua sorte sem conselhos do tipo cruze os dedos, bata na madeira, faça promessas para santos e/ou sacrifícios sangrentos em noites de lua cheia.

Gunther não defende o que considera insensato nem desdenha o inegável, pois existe algo chamado sorte. Todos conseguimos identificá-la. É uma descrição óbvia de eventos óbvios. Mas será que existe algo mais profundo? E, se for mais profundo, será que pode ser usado de forma proveitosa para nós e para outras pessoas? Essas são perguntas fascinantes com — possíveis — respostas importantes.

Conduzindo o leitor em uma viagem rica em histórias anedóticas, passando pelas teorias e pelas histórias mais populares sobre a sorte — da pseudociência ao paganismo, de matemáticos a mágicos —, Gunther chega a uma série cuidadosa de conclusões sobre a natureza da sorte e sobre a possibilidade de administrá-la.

Com base na identificação das verdades lógicas por trás de alguns exemplos de fortunas escandalosas e de algumas das aparentemente absurdas teorias que explicam as suas origens, Gunther apresenta aos leitores as fórmulas concisas que constituem o que ele chama de "o fator sorte".

Não há nada de sórdido ou paranormal nisso. E é nesse ponto que o livro está bem à frente de seu tempo e pode ainda estar à frente desses "novos" tempos crédulos. Ele procura apenas se fundamentar em fatos demonstráveis e não descarta os racionalistas clínicos nem os supersticiosos desconfiados. Em vez disso, ao reconciliar as partes verificáveis de algumas dessas crenças, Gunther produz um meio possível para os leitores levarem sua vida não como vítimas do destino, mas (na medida do possível) como seus mestres.

A partir de agora, você verá com outros olhos o *networking*, seus instintos, sua capacidade de assumir riscos, misantropia ou fé cega.

Em uma época em que a ciência comportamental está avançando a passos largos rumo ao entendimento do mundo, e a importância da linguagem corporal nunca foi tão aceita nem mais bem estudada, as conclusões de *O fator sorte* são apenas mais um elemento que fazem deste livro uma obra de destaque e realmente à frente de seu tempo.

Está à altura de seu clássico em investimentos, *Os axiomas de zurique*.

Harriman House, 2009

A busca
Prepare-se para uma estranha jornada

Estamos prestes a explorar o que poucas pessoas sequer tentaram: o território da sorte. É um terreno inexplorado — principalmente porque muitos homens e mulheres o consideram inexplorável e sem sentido. A palavra "sorte", nessa visão, é apenas um nome dado a eventos descontrolados e descontroláveis que aparecem e somem de nossas vidas. Mapear esses eventos é quase tão impossível quanto surfar em um mar revolto, afirmam algumas pessoas. Reduzi-la à ordem, medir sua temerosa geometria — tal empreendimento parece fadado ao fracasso.

Contudo, antes de chegarmos ao final dessa busca, você descobrirá que sua sorte não é tão aleatória quanto supõe. Dentro de determinados limites, mas de forma perfeitamente real, ela poderá ser influenciada.

É possível dar sentido à sorte.

Ela pode ser manipulada de forma racional.

Para manipulá-la — melhorar as chances em favor da boa sorte e diminuir as chances de má sorte —, é necessário fazer algumas mudanças, talvez bem profundas, em seu modo de agir e ser. Essas mudanças se interligam e complementam. Juntas, formam o que chamamos de a*juste da sorte.*

A teoria do ajuste da sorte baseia-se em observações de pessoas sortudas em oposição àquelas azaradas — centenas de observações, espalhadas ao longo de mais de duas décadas. Os sortudos apresentam cinco características principais, que no caso do azarados, são anuladas a ponto de serem ineficazes, ou não estão presentes. Vamos analisar cuidadosamente essas cinco características para entender como funcionam.

As características são basicamente:

A estrutura em teia de aranha. As pessoas com sorte a usam para criar canais pessoais por onde a boa sorte pode fluir.

A capacidade intuitiva. Homens e mulheres de sorte estão instintivamente cientes, quando não de forma consciente, de que é possível perceber mais do que conseguimos ver.

O fenômeno a*udentes fortuna juvat*. Em geral, a vida com sorte é vivida em zigue-zague, e não em linha reta.

O efeito catraca. É usado instintivamente pelos sortudos para impedir que a má sorte se torne pior sorte.

O paradoxo do pessimismo. Dizer que os irresponsáveis são sortudos é altamente enganoso, pois não combina com a vida da maioria das pessoas objetivamente sortudas. Pelo contrário, as pessoas de sorte, como grupo, cultivam o pessimismo sombrio como item essencial de seu equipamento de sobrevivência.

Cada uma dessas cinco atitudes em relação à vida e à nossa conduta incorpora atitudes complementares e regras corolárias. Muitas dessas subatitudes me surpreenderam e intrigaram quando comecei a perceber sua existência, e é possível que elas o surpreendam também. Por exemplo, você verá que muitos dos conselhos antigos da Ética do Trabalho são, na verdade, receitas para a má sorte; que uma única palavra, "precipitado", pode prejudicar você muito mais do que ajudar; que uma superstição muito estimada, se você tiver uma, pode não só ser inofensiva, mas até útil etc.

Contudo chegaremos lá na hora certa. Estamos prontos para partir. Traga seu ceticismo com você, mas também sua disposição para ouvir. Fique atento e alerta. Boa sorte na leitura.

Max Gunther, 1977

Parte 1

Marés de sorte

Capítulo 1

Os benditos e os malditos

ALGUMAS PESSOAS TÊM MAIS sorte do que outras. Essa é uma afirmativa contra a qual poucos argumentaríamos. Mas a afirmativa é como uma sopa rala ingerida antes de uma refeição. Não satisfaz por si só. Falta alguma coisa, e aí começa toda a discussão.

Por que algumas pessoas têm mais sorte do que outras? Essa é uma questão muito abrangente, pois sonda as crenças fundamentais que as pessoas têm sobre si mesmas, suas vidas e seus destinos. Não há consenso sobre essa questão. Aliás, nunca houve. Algumas pessoas acreditam que sabem os motivos para a boa e a má sorte. Outras concordam que os motivos podem existir, mas duvidam que possam ser conhecidos. Outras ainda duvidam que esses motivos sequer existem.

E aí começa o debate.

***

Eric Leek, um barbeiro e cabeleireiro, pensou muito sobre a sorte nos últimos meses, pois ela invadiu sua vida e mudou radicalmente seu rumo. Ansioso por ouvir sua filosofia de vida, eu o procuro em sua casa, em North Arlington, Nova Jersey. Tenho um endereço, mas não está correto. O endereço é de um apartamento na sobreloja de um prédio sem elevador localizado em uma rua antiga e decadente da cidade. Ao lado de uma drogaria, vejo uma entrada à meia-luz e sem sinalização, que adivinho ser o endereço de Eric

Leek. A caixa de correio de metal dentado no corredor está sem nome. Subindo um lance de escadas com degraus de madeira que rangem, encontrei outra porta sem indicação. Esperando ter chegado ao lugar certo, bato na porta.

Eric Leek me deixa entrar. Ele é um homem alto, magro e elegante de 26 anos, com cabelo e bigode castanhos claros. O apartamento é antigo, mas é muito bem-conservado. Leek me apresenta à sua amiga, Tillie Caldas, que insiste em me trazer uma cerveja, porque ela se sente desconfortável ao ver um hóspede sentado sem nada nas mãos. Um terceiro membro da casa é um gatinho malhado simpático que me foi apresentado como Keel — "Leek" de trás para frente. Eric Leek observa que seu nome completo de trás para frente é Cire Keel, e ele afirma que acredita ter existido um bruxo medieval com esse nome. Leek acha possível que ele seja a reencarnação de Cire Keel.

Começamos a falar sobre o tema da sorte. "Esse assunto me preocupa", afirma Leek, "porque quando falo sobre isso, algumas pessoas me acham esquisito. Minhas visões são principalmente religiosas — ou místicas, se preferir. Acredito que a boa sorte chega para as pessoas que estão preparadas para ela e que a usarão para ajudar outras pessoas. Não acredito que a sorte bata à porta dos ambiciosos. Como regra geral, as pessoas mais gananciosas que conheço são também as mais azaradas."

Leek terá ampla oportunidade nos anos vindouros para demonstrar sua sinceridade. No dia 27 de janeiro de 1976, esse obscuro jovem de repente se tornou muito rico. Ele ganhou na Loteria Anual do Bicentenário da Independência dos Estados Unidos, realizada pelo estado de Nova Jersey, e o prêmio pago foi o maior já concedido em qualquer loteria da história dos Estados Unidos — US$ 1.776 por semana, ou um pouco mais de US$ 92 mil por ano pelo resto da vida dele. Ele e seus herdeiros, se Leek falecer precocemente de forma inesperada, têm uma fortuna garantida de pelo menos US$ 1,8 milhão.

O bilhete premiado, pelo qual pagou um dólar, foi um dos 63 milhões de bilhetes participantes do sorteio. "Sei qual é a pergunta", afirma ele. "A pergunta é: por que somente aquele bilhete foi sorteado? De todas aquelas pessoas, por que eu? Não acho que tenha sido algo que aconteceu por acaso. Existe um motivo para tudo que acontece no mundo, mesmo que a gente não consiga entender qual é. Existem padrões, existe algo que guia nossas vidas."

Ele sempre fora uma pessoa de sorte, afirma Leek. "Nunca me preocupei muito com o futuro, porque, para mim, sempre parecia que as coisas iriam se ajeitar. É por isso que nunca me estabeleci num só lugar." Em momentos diferentes, ele foi cantor e ator que se manifesta em sua forma suave e precisa de falar, motorista de táxi, operário da construção civil, barbeiro. "Sempre tive a forte impressão de que alguma grande mudança aconteceria em minha vida mais ou menos nessa época. Eu não estava com muita pressa de me encontrar, porque sabia que alguma coisa aconteceria para mudar tudo e que, com base nessa mudança, eu saberia que caminho seguir."

"Você achava que sabia o que o futuro lhe reservava?", perguntei a ele.

"De certa forma, sim. Tillie e eu somos um pouco videntes."

"Isso mesmo", disse Tillie. "Algumas semanas antes de ele ganhar o prêmio, sonhei que estava com um homem de cabelos claros que havia ganhado uma fantástica soma de dinheiro. É engraçado, porque no começo não liguei o sonho com o Eric. Isso veio depois. Logo antes do sorteio, tinha certeza de que ele ganharia."

"Eu também tive certeza no final", afirmou Leek. Ele lembra que a aventura começou sem qualquer dica pré-cognitiva do resultado. "Realmente não pensei na possibilidade de ganhar. Os rendimentos da loteria estavam destinados a um fundo educacional do estado, e comprei os bilhetes porque pareciam ser por uma boa causa. Comprei por volta de 40 bilhetes ao longo de alguns meses sempre que tinha um dólar sobrando para gastar. A loteria estava organizada de forma que 45 finalistas seriam escolhidos para o grande sorteio. Um dia, li no jornal que os nomes dos finalistas seriam anunciados no dia seguinte, e disse a um amigo: "Meu nome estará na lista." Eu falava em tom de brincadeira, mas ao mesmo tempo não era, se é que você me entende. Acreditei que era verdade. E, evidentemente, era."

Em seguida, o número 10 entrou na história. Leek considera o 10 seu número de sorte. "Nasci às 10 horas do dia 10 de outubro, o mês dez. A maior parte das boas coisas que aconteceram comigo envolvem o número dez. Conheci Tillie no dia 10, por exemplo." Havia um bom presságio na data escolhida para o sorteio final da loteria: 27 de janeiro. Os três dígitos desta data, 27/01, somam 10. Outro sinal numérico apareceu durante o próprio sorteio. O sorteio foi feito em um auditório universitário com a presença da maioria dos finalistas. Era um procedimento dramático e complicado, minuciosamente planejado para aumentar o suspense. Em uma etapa desse longo processo, o nome de Leek apareceu na décima posição. Foi nesse momento que Leek soube que ganharia.

O que ele fará com o dinheiro? No momento, seu plano principal é abrir um centro para jovens em North Arlington, "para ajudar rapazes e moças em apuros. Minha boa sorte será transformada em boa sorte para alguns jovens que ainda não conheci".

Ele acha que continuará a ter boa sorte na vida? Até agora, está indo tudo bem. Ele levou Tillie para Acapulco pouco tempo depois do sorteio, e o hotel sem saber o colocou no quarto que ele teria pedido: 1010. Quando voltou a Nova Jersey algumas semanas depois, participou de uma reunião com representantes do Sindicato dos Barbeiros. Foi feito um sorteio. Como Leek já estava famoso no lugar naquela época, foi escolhido para sortear o nome do vencedor da urna sobre sua cabeça. O nome que ele sorteou foi o dele mesmo.

***

Jeanette Mallinson, datilógrafa desempregada, com quase 40 anos, estava um pouco acima do peso, mas era atraente. Ela tinha cabelo castanho e olhos azuis. Eu a encontro em uma lanchonete em Washington. Ao lado da xícara de café, estava um jornal no qual ela havia marcado alguns anúncios de emprego.

Ela afirma: "Parece que estou sempre procurando emprego." Não há qualquer sinal de autopiedade em sua voz. Pelo contrário, ela parece incrivelmente animada. "Li um texto de um psicólogo uma vez que dizia que as pessoas criam sua própria má sorte. Mas, no meu caso, isso não é verdade — pelo menos, não é toda a verdade. Tive muita má sorte na vida, mais do que mereço, para ser sincera. Quando digo má sorte, significa coisas que estão fora do meu controle. Acho que é o destino. Algumas pessoas são escolhidas para ter má sorte durante algum tempo. Mas não precisa durar para sempre. No meu caso, as coisas vão melhorar no ano que vem — e, no ano seguinte, finalmente, tudo isso vai acabar."

"Como você sabe disso?"

"Meu horóscopo. Talvez soe supersticioso para você, mas, quando se teve tanta má sorte quanto eu, a gente começa a pensar nos motivos disso. Tentei religião, mas não consegui boas respostas. Finalmente, uma amiga conseguiu que me interessasse por astrologia, e fiquei surpresa de ver como ela é precisa. Meu signo solar é Escorpião, mas tenho Saturno e Marte nos lugares errados e vários outros problemas. Quase quarenta anos de problemas desde o dia em que nasci. Mas está quase no fim agora, então em vez de me preocupar este ano, estou com um bom pressentimento para o ano que vem. Vou conseguir passar mais este ano. Sempre foi assim..."

A primeira onda de má sorte de que ela consegue lembrar a atingiu quando era criança, em Maryland. Alguém tentou acender uma fogueira de piquenique com gasolina, e a labareda que se formou causou uma grave queimadura no lado esquerdo de seu rosto. Com cirurgia plástica, as lesões causadas pelas chamas hoje são apenas algumas minúsculas cicatrizes. "Só que a cirurgia plástica não era tão avançada quando eu era criança, e meus pais não tinham dinheiro. Por isso, passei minha adolescência com esta enorme e medonha mancha vermelha bem no meu rosto. Você sabe como somos sensíveis na adolescência. A queimadura não era tão grave a ponto de me desfigurar, mas eu a achava horrorosa demais. Eu ficava em casa sozinha, não gostava de sair com meus amigos. Tornei-me uma ermitã. Dizem que o caráter determina a sorte. Comigo foi o contrário. O destino determinou meu caráter. Aquela queimadura me tornou solitária, tímida demais para encarar as outras pessoas."

Quando terminou a escola, Jeanette mudou-se para Washington e foi trabalhar como funcionária pública. "Ao longo da vida, fiquei no máximo três anos em cada emprego. Alguma coisa sempre acontecia e me fazia voltar à busca. Talvez alguns dos problemas fossem em parte minha culpa, mas o exemplo do meu primeiro emprego é bem significativo. Alguém roubou dinheiro do caixa pequeno. Quem eles acusaram? A mim, é claro. Meu azar foi que alguém tinha me visto voltar ao escritório depois do expediente. Voltei para buscar um xampu que tinha esquecido na gaveta, mas parecia que eu tinha ido lá roubar a droga do dinheiro. É assim que as coisas funcionam comigo. Meu último emprego também é um caso representativo. É por isso que estou procurando trabalho nos classificados agora. Tudo estava indo bem, até que o gerente pediu demissão, e a nova gerente é uma bruxa. Ninguém gosta dela e ela não gosta de ninguém, mas por algum motivo qualquer ela resolveu me escolher como alvo. Não sei por quê. Já repassei tudo na cabeça várias e várias vezes, e sinceramente não consigo pensar em nada que eu tenha dito ou feito para torná-la minha inimiga. Foi uma daquelas coisas — duas personalidades que não se bicam —, pura má sorte. De qualquer modo, ela tornou minha vida tão insuportável no trabalho que ou eu pedia demissão ou me internava numa clínica psiquiátrica."

Ela teve vários relacionamentos com homens diferentes, e todos terminaram mal. Ela casou aos 22. Três anos depois, o marido a deixou com dois filhos pequenos. Quase aos 30, conheceu outro homem — Gene. Ele parecia "perfeito", segundo ela. Ele gostava dos filhos dela e os dois iam se casar. Uma semana antes da data do casamento, sua mãe ficou gravemente doente, e Jeanette teve de adiar todos os preparativos e cuidar da mãe durante vários meses. No fim, ficou claro que a mãe ficaria inválida e precisaria morar com Jeanette ou em uma clínica. A perspectiva de morar junto com uma sogra doente ou ter de pagar as contas de uma clínica para idosos pareceu arrefecer o entusiasmo de Gene. Jeanette conversou com ele durante várias semanas sobre o problema e acabou piorando a situação. Ele começou a falar sobre remarcar o casamento.

Logo depois veio outro baque. Um dos filhos de Jeanette desmaiou na escola. Descobriram que era epiléptico. A epilepsia dele era difícil de tratar e exigia visitas frequentes ao médico e medicação cara. Gene sumiu sem maiores explicações. "Meu outro filho tem asma", diz Jeanette, conformada, como se uma coisa levasse à outra de forma óbvia e inexorável. "O aluguel do apartamento está atrasado dois meses, e as contas do médico e da farmácia, seis meses. Eu tinha um aparelho de TV, mas precisei devolvê-lo por falta de pagamento..."

Ela suspira. "Bem, algumas pessoas têm sorte; outras, não. Só o que posso fazer é esperar a maré de azar passar. Se os astros não estão favoráveis, não adianta lutar."

***

Sherlock Feldman, jogador profissional. Até sua morte recente, Feldman era um dedicado estudioso da sorte — ou, mais precisamente, das teorias existentes sobre a sorte — e um entusiasmado cronista das excentricidades do destino. Ele era gerente de um cassino no Dunes, um dos mais conhecidos clubes de apostas em Las Vegas. Passava os dias e as noites, principalmente as noites, observando as pessoas jogarem com a essência destilada da sorte, pessoas que preferiam jogar a dormir.

Tudo sobre Sherlock Feldman era grande: sua barriga, seu nariz, seus óculos de aros pretos, seu sorriso, sua vontade de viver. Sua tolerância também era enorme. Ele ouvia com paciência e simpatia as visões das outras pessoas sobre a sorte e absorvia todas elas — e, quando resolveu que era hora de propor uma teoria própria, ele o fez sem alarde.

"Se você me perguntar o que é a sorte", disse-me uma vez, "terei de responder que não sei. As pessoas vêm aqui com trevos de quatro folhas, mapa astral, números da sorte. Elas querem controlar a sorte com esses artifícios. Talvez números da sorte funcionem para algumas pessoas, e talvez essa seja uma definição da sorte. Ter sorte é ser o tipo de pessoa para a qual os números da sorte funcionam. Comigo, a sorte sempre foi sinônimo de eventos aleatórios."

Feldman tinha estranhas histórias para contar; no entanto, histórias que, como ele admitia abertamente, não tinham explicação lógica. Algumas de suas histórias favoritas estavam ligadas ao que ele chamava de "perdedores natos". Ele se dava conta de que essa expressão parecia contradizer sua própria filosofia. "Se a sorte é aleatória, todos deveríamos ter direito a parcelas iguais de boa e má sorte. Não deveriam *existir* perdedores natos, pelo menos não se estamos tratando de pura sorte aleatória, como no caso da roleta. Mas existem pessoas que ganham com frequência, existem pessoas que recuperam os prejuízos ao longo do tempo e existem pessoas que nunca, nunca perdem. Por quê? Se você descobrir um dia, conte-me."

Feldman estava caminhando pelo cassino uma noite quando seu olho observador foi atraído por um homem que não parecia pertencer àquele ambiente. "Era um sujeito pequeno, talvez com seus 45 ou 50 anos, com um olhar triste no rosto. Estava usando camisa esporte, mas colocava a mão no pescoço o tempo todo, como se estivesse acostumado com uma gravata. Ele estava ali em pé, sozinho, observando um grupo jogar na roleta. Aproximei-me para cumprimentá-lo. Não achei que ele estivesse planejando roubar a casa ou nada do tipo, mas, no meu ramo, a gente precisa ser curioso, sabe?"

O sujeito pareceu contente de ver que alguém queria conversar com ele. Feldman conversou com o homem durante um tempo. Ele disse que trabalhava em um armarinho numa cidadezinha do meio-oeste americano. Ele e a esposa estavam passando duas semanas de férias viajando pelo sudoeste do país. A esposa fora assistir a um show com uma amiga naquela noite, e ele estava sozinho. "Resolvi entrar e dar uma olhada", disse ele. "Eu não ia ter como encarar meus amigos se dissesse que tinha vindo a Las Vegas e não tinha visitado um cassino."

"Tem lugar ali na mesa, se você quiser tentar a sorte", disse Feldman.

"De jeito nenhum. Não preciso testar minha sorte, porque já sei que ela é péssima. Nunca ganhei nada na vida, nem cara ou coroa. Sou um perdedor nato."

Feldman fez que sim com a cabeça amigavelmente, já se afastando do sujeito. Naquele instante, o homem com ar tristonho percebeu que alguém tinha deixado cair uma nota de cinco dólares debaixo da mesa. Ele atravessou a multidão e gritou para o crupiê: "Achei uma nota de cinco!"

Por causa do barulho e da confusão geral, o crupiê não entendeu direito e achou que ele estava querendo fazer uma aposta: "Uma ficha no cinco." O crupiê, então, colocou uma ficha sobre o número cinco na roleta. A bolinha de marfim caiu no "5". A ficha do dono de armarinho tinha ganhado US$ 175.

O crupiê empurrou a pilha de fichas para o outro lado da mesa. Assustado, o homem tristonho deixou a pilha exatamente onde ela estava: sobre o quadrado "vermelho". A roleta girou de novo. O vermelho ganhou. Os US$ 175 se transformaram em US$ 350.

Feldman recolhera a nota de cinco dólares do chão e a devolvera para a mulher que a deixara cair. Ele agora cumprimentava o homem e dizia: "Sua sorte parece não ser das piores, afinal."

"Não é possível!", disse o sujeito. "Nunca aconteceu nada parecido comigo antes. Nunca ganho. Se existem chances iguais 50-50 de alguém perder um jogo, as minhas são sempre 100%. Quando costumava jogar pôquer com amigos lá em casa, eles me chamavam de Velho Fluxo de Caixa, porque eu sempre acabava bancando o jogo."

"Bem, hoje você está com tudo", disse Feldman. "Veja como sua sorte mudou finalmente. Por que não deixa ela se manifestar?"

O dono de armarinho aceitou. Ele continuou ganhando. Por fim, sua pilha de fichas ganhou mais de US$ 5 mil, e o nervosismo era insuportável. Ele decidiu pegar o dinheiro e sair.

Entretanto, a má sorte continuava a rondá-lo de forma misteriosa.

Os cassinos em Las Vegas, assim como em outras partes do mundo, parecem charmosamente informais em seus métodos de lidar com as apostas e de estender crédito. No entanto, por trás dessa facilidade superficial existem regras bastante rígidas. Uma das regras mais rígidas — nenhuma exceção é permitida, nunca — está relacionada ao processo de fazer as apostas.

Qualquer jogador pode fazer uma aposta sem efetivamente precisar mostrar o dinheiro. Se o crupiê for com a cara dele, vai lhe passar uma ou duas fichas e convidá-lo para entrar no jogo. No final, no entanto, o jogador deve apresentar o dinheiro para pagar pelas fichas que abriram as apostas. Mesmo se ganhar, ele precisa mostrar que tinha dinheiro suficiente para cobrir a aposta original. Se não puder mostrar a quantidade necessária de dinheiro, a casa lamentará o acontecido, mas se recusará a pagar os ganhos do jogador. Sem exceções.

No caso do sujeito tristonho, ele tinha recebido uma ficha de cinco dólares. A exigência parecia bastante fácil de cumprir. Para conseguir receber o prêmio em dinheiro de US$ 5 mil, bastava ele mostrar que tinha cinco dólares.

Ele tirou a carteira do bolso e a abriu. A expressão sorridente do rosto dele mudou para choque e depois para tristeza. A esposa levara todo o seu dinheiro para pagar pelas despesas da noite e esquecera-se de avisá-lo. A carteira estava vazia.

***

Provavelmente, deveríamos parar agora e tentar esclarecer o que queremos dizer com "sorte". É uma palavrinha simples e charmosa, mas repleta de parafernália emocional, filosófica, religiosa e mística. Existem dezenas de possíveis definições para essa palavra sobrecarregada. Cada definição implica determinada maneira de encarar a vida, e, se você defender a sua com algum fervor, acabará causando confusão com outros que têm uma visão de mundo diferente e que, por isso, preferem outras definições.

Os dicionários são de ajuda limitada nesse quesito. A definição encontrada nos dicionários consultados pode ser discutida, pois cada uma parece preferir uma filosofia em detrimento de outra. O dicionário de Funk & Wagnall da língua inglesa começa sua definição afirmando que sorte é "aquilo que acontece por acaso". Alguns argumentariam que essa é uma definição boa e completa, mas outros diriam que não, que a sorte é mais do que apenas o acaso. Já o *Random House Dictionary* parte para uma definição mais mística: "Força que parece determinar tudo o que acontece de bom ou ruim a uma pessoa." Força? Que força? Já o velho Noah Webster diz que sorte é "uma força sem propósito, imprevisível e incontrolável que modela eventos de forma favorável ou não para determinado indivíduo, grupo ou causa". Mas as pessoas mais religiosas não concordariam com a ideia de que a sorte não tem propósito. Os defensores da astrologia e dos fenômenos psíquicos também não concordariam que a sorte é imprevisível. E muitos apostadores que frequentam os cassinos e as corridas de cavalos de Las Vegas, Monte Carlo e outros lugares pelo mundo não concordariam que a sorte seja necessariamente incontrolável também.

Eu procurei uma definição que todos pudessem aceitar — uma que descrevesse simplesmente os fatos e deixasse as explicações e análises de lado. Por isso:

Sorte: eventos que influenciam nossas vidas e que, aparentemente, estão fora do nosso controle.

Essa é uma definição ampla, de propósito. Deve agradar àqueles que acreditam que a sorte é o fluxo e o refluxo de acontecimentos aleatórios. E também àqueles que, embora sintam que ela envolve mais do que apenas a aleatoriedade, estão convencidos de que as forças podem ser explicadas de forma racional e científica.

E àqueles que acreditam que a sorte envolve forças ocultas ou de outro mundo: os astros, os números, feitiços, amuletos da sorte, trevos de quatro folhas; ou, mais ainda, Deus Todo-Poderoso.

A definição de sorte que cada pessoa adota depende de sua visão de mundo. Não faz o menor sentido discutir a visão de sorte de outra pessoa, assim como não tem cabimento discutir a trajetória de vida de outra pessoa. Este livro não vai discutir com ninguém. Vamos conversar com homens e mulheres com várias crenças diferentes, ouviremos suas histórias e explicações, e, quando parecer útil, vamos investigar quais poderiam ser as falhas na lógica apresentada — mas de forma muito gentil, e com toda a humildade do mundo. Só queremos ver o que homens e mulheres diferentes fazem e pensam sobre a sorte. Ao longo de nossa busca, vamos conhecer muitas filosofias estranhas e muitas pessoas bizarras e interessantes. Nosso objetivo final é descobrir se existem diferenças tangíveis entre as pessoas sortudas e as azaradas. Será que existem certas coisas que as pessoas de sorte fazem com mais frequência do que as azaradas? As pessoas sortudas têm determinada visão de mundo, ou certa forma de pensar e agir? Será que a gente consegue aprender com isso? É possível incorporar essas visões em nossa própria filosofia sobre a sorte, quer essa filosofia seja acentuadamente pragmática ou radicalmente oculta, ou um meio-termo?

A resposta para todas essas perguntas é sim.

***

"Os simplórios acreditam na sorte", afirmou Ralph Waldo Emerson um século atrás. Sua definição de sorte obviamente era estreita. Ao fazer essa amarga afirmativa, ele se referia à sorte em sentido místico ou metafísico — algo não aleatório; uma força, ou estado, ou padrão que conduz as pessoas de forma misteriosa, mas de algum modo ordenado.

No entanto, se aplicarmos as palavras de Emerson à nossa definição mais ampla de sorte — eventos que influenciam nossas vidas e que, aparentemente, estão fora do nosso controle —, a afirmativa não faz sentido. Falar sobre acreditar ou não na sorte, nessa acepção, é como falar em acreditar ou não no sol. O sol obviamente existe, assim como a sorte. *Todos* somos influenciados por eventos que acontecem ao nosso redor o tempo todo. Ninguém, seja homem, mulher ou criança, pode afirmar que tem controle total sobre a própria vida. Estamos todos sujeitos a acontecimentos imprevisíveis, inesperados, indesejados. Às vezes temos sorte, às vezes, não, mas é um elemento que está sempre presente. Desempenha um papel na vida de todo mundo, frequentemente o papel principal.

É assustador considerar a influência exercida pela sorte no começo da vida. Existo hoje porque muitos anos atrás, em Londres, um jovem por acaso ficou gripado. Ele trabalhava num banco na City. Aos domingos, quando o tempo estava bom, ele gostava de fazer piqueniques no campo ou nadar em uma das praias do Canal da Mancha. Em um domingo de primavera, derrubado por uma gripe, ele cancelou os planos para o piquenique e ficou em casa em seu quartinho mobiliado e escuro próximo ao banco. Um amigo apareceu e o convidou para uma festa, onde ele conheceu uma jovem. Eles se apaixonaram e casaram. Eram meus pais.

Aproximadamente 25 anos depois disso, outra jovem chegou a Nova York em busca de emprego. Uma possibilidade que a atraía muito era o emprego no departamento pessoal de uma universidade. Depois de fazer a entrevista, ela esperou mais ou menos uma semana. Não teve notícia alguma, começou a ficar nervosa com a falta de dinheiro e, relutantemente, aceitou outro trabalho menos atraente oferecido por uma revista. Alguns dias mais tarde, a universidade ligou oferecendo o trabalho que ela realmente queria. A oferta fora atrasada por uma série de complicações burocráticas e outros eventos triviais, incluindo o fato de um dos chefões ter ficado doente. A jovem pensou na proposta durante um dia inteiro e, finalmente, guiada em parte por um senso de obrigação moral e em parte por uma inércia confortável, decidiu ficar no emprego da revista no qual já havia começado a trabalhar. Pouco tempo depois, fui parar na mesma revista e fui contratado para trabalhar no setor de revisão. Conheci a jovem, apaixonei-me por ela e nos casamos. Nossos três filhos não existiriam hoje se um obscuro executivo universitário não tivesse ficado resfriado exatamente na hora certa.

E assim vai. Podemos contar uma série de casos relacionados ao Destino, portentosamente em maiúsculas, ou podemos dizer — como prefiro — que as histórias não ilustram nada mais do que os insondáveis mecanismos dos eventos aleatórios. Qualquer uma dessas interpretações está abarcada pela nossa ampla definição de sorte. Se acharmos que temos controle rígido e detalhado sobre nossas próprias vidas por meio de planejamento pessoal e direcionamento detalhado, somos vítimas de uma ilusão.

Muitas pessoas de forte intelecto ficam frustradas e confusas — como Emerson ficou — pela existência da sorte, pois a sorte é o insulto supremo à razão humana. Não podemos ignorá-la; entretanto, não podemos planejá-la. Só podemos esperar e saber que ela entrará em nossas vidas, várias e várias vezes. Não é possível saber que forma ela assumirá ou se sua "visita" nos deixará felizes, tristes ou irritados, ou mais ricos ou mais pobres, alegres ou deprimidos, ou em algum ponto intermediário.

Na verdade não há como saber se a sorte o deixará vivo ou morto.

O intelecto humano está sempre tentando encontrar uma ordem. A sorte está sempre criando o caos. Não importa o nível de cuidado e esperteza que se aplique à elaboração dos planos vida, a sorte certamente mudará seus projetos. Com boa sorte, qualquer plano medíocre dará certo. Com má sorte, nenhum plano vai funcionar. Essa é a característica frustrante da sorte. É o elemento que deve ser levado em conta nos nossos planos, mas não é.

Todos os nossos esforços mais sinceros para melhorar tornam-se praticamente inúteis se não forem acompanhados por um pouco de sorte na hora certa. Podemos ter coragem, perseverança e todas as demais características admiradas pela Ética Protestante; podemos ter amor, humildade e todas as demais características admiradas pelos poetas. Mas, a menos que tenhamos boa sorte — como diria Jeanette Mallinson —, nada disso fará muita diferença. Você pode estudar táticas pessoais, como Maquiavel. Pode aprender técnicas para ter poder. Pode aprender a intimidar as pessoas, ou liderá-las, encantá-las, hipnotizá-las. Ou aprender a dizer "não" sem se sentir culpado por isso. Ou mesmo vender garrafas de água quente no Equador. Ou, ainda, pode seguir a direção contrária e aprender a ser feliz por conta própria, aprender a rezar, a encontrar a felicidade em Deus. Não importa. Qualquer técnica de autoaperfeiçoamento que procure provavelmente vai funcionar, mas existe um elemento que precisa estar presente para que isso aconteça. Esse elemento é a sorte. Praticamente qualquer abordagem que leve ao sucesso e à autorrealização pode dar certo — quando você tem sorte.

Um colega meu da IBM um dia foi ao banheiro no prédio onde trabalhava para praticar meditação transcendental. Era o único lugar onde ele conseguia encontrar o silêncio de que precisava. Ao começar a recitar o mantra, um ladrilho soltou do teto e o acertou na cabeça. Ele deu um pulo, sobressaltado. As chaves do carro caíram do bolso das calças na privada. Ele se abaixou para pegá-las. Atônito, acabou apertando a descarga e as chaves do carro se foram.

Nada, *nada* funciona sem sorte. Seria bom se pudéssemos aprender a controlar melhor esse elemento potencialmente poderoso. Seria ótimo se houvesse técnicas para administrar a sorte, assim como existem técnicas para administrar tudo à nossa volta.

Muitas tentativas foram feitas para encontrar essas técnicas. Desde a época em que os mais primitivos índios pediam chuva, uma boa temporada de caça ou outras bênçãos aos seus deuses, a maior parte das religiões representam tentativas de controlar a sorte — embora de forma relativa, evidentemente, para aquelas mais complexas, como o Cristianismo. As pessoas ainda rezam para conseguir resultados favoráveis, usam medalhinhas de São

Cristóvão (se forem católicas) para evitar acidentes em viagens ou buscam orientação espiritual na hora de tomar uma decisão difícil. Praticamente todas as desaconselháveis artes ocultas tentam usurpar o controle do incontrolável — ou, como no caso da astrologia, tentam nos preparar para enfrentá-lo fazendo previsões sobre o tipo de sorte que nos aguarda.

A própria existência da palavra "superstição", no entanto, demonstra que as pessoas não conseguem chegar a um consenso sobre as forças invisíveis que podem ou não influenciar nossas vidas. A palavra é definida como "qualquer crença religiosa, mística ou oculta da qual não compartilho". O que é superstição para mim pode ser religião para você, e vice-versa. O problema com todos esses enfoques é que sua eficácia em melhorar a sorte das pessoas não foi demonstrada de forma a satisfazer a opinião geral. Alguns podem funcionar para certas pessoas, mas nem todo mundo está disposto a testá-los.

Seria útil se houvesse abordagens em relação ao controle da sorte que não dependessem de forças ocultas — enfoques cuja eficácia pudesse ser demonstrada de forma pragmática. E há.

Sou um fascinado colecionador de histórias e teorias sobre a sorte desde meados dos anos 1950, quando um raio de boa sorte acertou em cheio minha vida — ou pelo menos achei que fosse, à época — e mudou radicalmente todos os meus planos. Desde então, ao entrevistar milhares de homens e mulheres em função dos mais variados objetivos jornalísticos, aproveito também para perguntar a eles sobre a sorte: suas experiências, ideias a respeito do tema e tentativas de controlá-la. Prestei especial atenção a pessoas muito sortudas e também as muito azaradas. Fiz a seguinte pergunta: o que as pessoas abençoadas pela sorte fazem que as outras não fazem — e como é isso no caso de pessoas amaldiçoadas pela sorte? Será que é possível mudar a sorte de alguém fazendo mudanças práticas no modo de vida?

Sim, é possível, e este livro vai mostrar como. Quando você sabe o que precisa fazer, pode exercer controle limitado, mas real, sobre a sorte. Você não conseguirá controlá-la da forma deliberada e detalhada como imaginada por alguns "praticantes" místicos e ocultos. Ainda assim, com ou sem forças ocultas para ajudá-lo, pode se posicionar de tal modo perante a vida que suas chances de encontrar a boa sorte e evitar a má sorte aumentarão de forma significativa.

Realmente existem diferenças perceptíveis entre as pessoas sortudas e as azaradas. Em geral, e com exceções, homens e mulheres mais sortudos são aqueles que adotaram determinados enfoques diante da vida e que dominaram certos tipos de atitudes psicológicas intensas. Chamo essa gama de características e atitudes de Ajuste da Sorte.

Apliquei esse ajuste à minha vida e às pessoas que me cercam. Ele gera resultados agradáveis. Meus amigos dizem que sou sortudo, e é verdade: tenho sorte. Mas acredito que minha sorte não só seja resultado do acaso, mas porque, em parte, sei como ser sortudo. Se a minha sorte e a sua se mantiverem firmes durante algum tempo, ao chegarmos ao final do livro o Ajuste da Sorte estará sendo útil para você de alguma forma.

Temos um fascinante caminho pela frente. Começaremos explorando a seara da sorte e descobrindo o que pessoas diferentes fazem, dizem e pensam sobre ela. Jogar envolve a sorte na sua forma mais simples e direta, e, assim, vamos estudar as vidas e a sorte de jogadores diferentes para ver quais verdades podemos extrair dali. Também vamos conhecer especuladores do mercado de ações e outras pessoas que desafiam a sorte em seu estado mais puro no dia a dia. E vamos conversar com homens e mulheres comuns e desconhecidos que não se consideram apostadores, mas que na verdade são — como todo mundo.

Embarque nessa viagem comigo, mantenha os dedos cruzados e beije seus amuletos da sorte. Estamos prestes a nos aventurar por terras estranhas. Veremos coisas que testarão os limites da nossa capacidade de entender ou acreditar, e talvez voltemos para casa com mais dúvidas do que respostas. Ainda assim, é possível que a gente retorne com um pouco mais de sabedoria do que quando partimos — se tivermos sorte.

Capítulo 2

Duas vidas

Issur Danielovitch e Charlie Williams nasceram durante a Primeira Guerra Mundial, no encardido lado leste de Amsterdam, no estado de Nova York. Eles nasceram com chances aparentemente iguais de sucesso ou fracasso. Ambos tinham pais imigrantes e as duas famílias viviam na linha da pobreza. Os dois meninos cresceram no mesmo mundo, foram arrastados, derrubados e arrasados pelas mesmas enormes ondas sociais. Estavam na escola durante os loucos anos 1920. Na adolescência, foram massacrados pela Grande Depressão. O turbilhão da Segunda Guerra Mundial sugou sua juventude e depois os lançou em uma era de paz e prosperidade. Eles envelheceram enquanto os Estados Unidos passavam por enormes mudanças nos anos dourados da década de 1950, nos estridentes anos 1960 e na prudente década de 1970.

Na época em que este livro foi escrito, eles eram homens de meia-idade. Foram criados de forma igual, mas suas vidas seguiram caminhos diferentes.

Charlie Williams é conhecido hoje entre os amigos como Nariz de Banana. Ele é mendigo nas ruas de Manhattan. Já Issur Danielovitch é mais conhecido como Kirk Douglas. Ele é estrela de Hollywood e milionário.

Será instrutivo analisar as histórias paralelas desses dois homens. Há 25 séculos, Heráclito observou que o caráter faz o destino, e vários milhões de peças e romances desde então vêm tentando provar esse ponto. Eles não o provaram, porque essa é apenas uma parte da verdade. O caráter de fato determina o destino, mas o destino também determina o caráter. O caminho de vida que um homem ou mulher escolhe é em parte determinado pelo que ele(a) é: o grau de coragem, dinamismo, determinação, fervor de esperança e sonho. Mas essas características são moldadas em parte, senão inteiramente, pelos eventos e por outras personalidades que nos cercam. Kirk Douglas e Charlie Williams estão onde estão hoje em parte por causa do que são e em parte por causa de eventos aparentemente fora de seu controle. Essas são duas histórias em que caráter e sorte se misturam.

***

Conheci Charlie Williams em 1968. Uma revista me contratara para escrever um artigo sobre a sorte. Fui para o bairro de Bowery, em Nova York, um lugar tão feio que tem até um charme estranho e surreal próprio, e entrei no Bar Majestic, cujo nome, aliás, era totalmente inapropriado. Uma dúzia de homens cansados em trajes esfarrapados bebia vinho a 15 centavos a taça. A maioria tinha cerca de 50 anos ou mais, o que era de se esperar. O Bowery é um lugar conhecido por ser o antro dos perdedores. O espírito humano é forte, e são necessários anos de derrotas para criar um perdedor.

Eu mal tinha passado pela porta quando um grupo de homens saiu de seus bancos no bar e veio em minha direção me pedindo dinheiro. O *barman* grunhiu: "Ei, pessoal, nada de esmolas aqui dentro! Vão embora e vão mendigar na rua!" Eu disse a ele que estava tudo bem, que eu queria pagar uma rodada de bebida para todo mundo. Isso causou alvoroço no local. Quando consegui a atenção de todos ali, expliquei que eu era jornalista, que estava escrevendo uma matéria sobre a sorte e que queria encontrar alguém que tivesse nascido na mesma cidade e no mesmo ano de alguém rico e famoso.

Isso pareceu atiçá-los. Quem não estava bêbado demais para pensar revolveu pôr a cabeça para funcionar. Eles sem dúvida alguma sentiam o cheiro do meu dinheiro. "Já viajei de trem com o Roosevelt!", gritou um homem esperançoso. Outro disse alguma coisa sobre a sogra e o Senador Taft. Depois vi um sujeito baixinho parado perto de mim. "Que tal Kirk Douglas?", ele disse. O homem tinha um rosto feio, mas agradável. O nariz era grande demais para o restante dos seus traços, mas o sorriso era largo. As roupas eram velhas, mas ajeitadas, com um ar desbotado que sugeria lavagens frequentes. Um sapato estava amarrado com fita isolante para impedir que a sola se soltasse. Ele estava perfeitamente barbeado. Seu cabelo castanho era fino e cuidadosamente penteado, e as unhas estavam curtas e bem limpas. Ele com certeza era um homem que tinha autorrespeito, apesar de ter terminado a vida em meio a um grupo tão rejeitado.

Comprei alguns sanduíches e ouvi sua história. Charlie Williams nasceu em 1917, um ano antes de Kirk Douglas. Ele lembra que gostava da vida que levava em seus primeiros anos em Amsterdam. Era bom aluno, sobretudo em matemática.

Depois veio a primeira onda de má sorte de que ele se lembra. Quando tinha 12 anos, o pai ouviu falar que estavam procurando operários em Providence, no estado de Rhode Island. A família migrou. "Parecia uma boa oportunidade para meu pai; porque o salário subiu um pouco, mas foi terrível para mim. Eu era feliz na minha antiga escola, mas de algum modo não consegui me dar bem nas escolas de Providence. Os professores eram ruins..."

Tinha um que fazia comentários maldosos sobre o tamanho do nariz de Wilson, que crescia à medida que seus ossos começavam a se consolidar. Nossas características corporais e faciais, é claro, são fatores sobre os quais não temos controle algum e que afetam bastante nossas vidas. Homens e mulheres bonitos talvez não tenham uma vantagem automática em relação a seus colegas menos favorecidos, mas certamente têm algo que pode se transformar em lucro pessoal, se souberem usá-lo. Nosso rosto é parcialmente responsável pela nossa boa sorte.

Charlie Williams de alguma forma perdeu seu otimismo durante a adolescência. "Aquele professor nojento vivia dizendo coisas do tipo: 'O que foi, Charlie, não conseguiu ler o dever de casa? O nariz atrapalhou?' O restante da turma adorava a brincadeira maldosa, e nunca consegui me enturmar. Eu era chamado de Charlie, o Bicudo, motivo de chacota geral. Bem, isso incomoda um garoto, claro. Minhas notas caíram. Acho que eu tinha o que chamo de psicologia do perdedor. Eu mal começara a viver, mas já sabia que estava acabado."

Ele odiava a escola e acabou abandonando os estudos. Trabalhou em uma fazenda, depois foi trabalhar na estrada de ferro, consertando trilhos, e, mais tarde, foi motorista de ônibus escolar. "De vez em quando, eu tentava conseguir um trabalho melhor, mas a palavra 'perdedor' devia estar escrita em toda parte. Acho que me candidatava a um cargo já achando que não seria selecionado. Eu pedia desculpas para o sujeito que me entrevistava por fazê-lo perder tempo. Naturalmente, eu não conseguia o emprego."

Uma mulher entrou na vida de Charlie Williams durante esse período. Ela se mudou para seu encardido quarto de hotel e ficou com ele alguns dias. Depois, sumiu, levando consigo o pouco dinheiro que ele tinha. Por motivos que nunca ficaram bem claros para Charlie, ela levou também a chave do ônibus escolar. Por não conseguir colocar o ônibus para funcionar no dia seguinte, ele foi despedido.

Em 1939, Charlie finalmente teve sorte. Conseguiu trabalho como motorista de uma pequena empresa de caminhões. Ele e o proprietário da empresa ficaram amigos. O dono da empresa, um homem mais velho, queria se aposentar, mas pensava em manter o negócio vivo e rendendo dinheiro. Com não tinha filhos, adotou Charlie não oficialmente. Ele falava em passar o negócio para alguém mais jovem, na qualidade de gerente e sócio. Williams viu nisso uma chance de finalmente vencer na vida. Nunca se entusiasmara tanto com uma oportunidade. Ele estudou com cuidado os livros da empresa e os dados econômicos do setor de caminhões. Fez planos para estudar contabilidade. "Eu ia ser um empresário!", pensei comigo, *"finalmente consegui!* Realmente achei que tinha conseguido. Gostei do negócio, sabia que poderia me sair bem. Eu iria fazer o negócio crescer. Seria o chefe de uma grande empresa!"

Entretanto, o destino tinha outros planos. Os Estados Unidos entraram na guerra. Um dos primeiros homens a serem recrutados para o exército foi Charlie Williams. Quando ele retornou à vida civil, em meados da década de 1940, o pequeno negócio de caminhões e o dono estavam mortos.

Charlie pulou de emprego em emprego. Aprendeu a gostar de uísque no exército, mas ainda não bebia muito naquela época. Uma nova chance apareceu quando a Firestone Tire and Rubber Company o contratou em 1948 como capataz de depósito. Como muitas grandes empresas na época, a Firestone tinha planos ambiciosos de expansão em tempos de paz, mas estava preocupada com a falta de mão de obra qualificada para trabalhar com suas tecnologias especiais. A resposta da empresa foi um programa emergencial para treinamento dos funcionários. A Firestone estava continuamente procurando talentos em meio aos trabalhadores não qualificados, melhorando sua condição de vida por meio de treinamento e conduzindo-os ao que, para alguns, seriam novas carreiras de ouro. Charlie Williams, sem educação formal, mas impressionantemente inteligente, foi um dos escolhidos para mudar de vida. A Firestone começou treinando-o como reformador de pneus, e havia boatos de que ele seria encaminhado para um curso noturno para concluir o ensino médio e depois talvez para um curso técnico em química. "Mais uma vez, eu achei que tinha conseguido."

Mais uma vez ele estava enganado. Outra maré de má sorte o atingiu. Num domingo à noite ele estava dirigindo seu velho Buick 1938 em Nova Jersey quando o mecanismo de direção falhou. O volante parecia solto em suas mãos. "Eu estava em uma estrada do interior. Só havia uma casa próxima. O restante eram campos abertos. O carro poderia ter ido para milhares de direções diferentes e tudo estaria bem. Mas o que aconteceu? Meu Deus, o carro seguiu direto para a casa. Isso sim é má sorte. Acertou a casa em cheio, como se alguém o estivesse dirigindo. Bati na parte lateral da garagem, e o telhado inteiro desabou." Charlie não ficou gravemente ferido, mas a carreira sofreu um baque. Ele tinha bebido naquela noite — socialmente, fez questão de dizer. "Acho que tinha tomado três copos de cerveja, nada mais." Ele foi acusado de dirigir alcoolizado. Ninguém acreditou na sua história sobre o mecanismo do volante, pois o carro ficou tão amassado que não foi possível colher provas para sustentar sua versão. Ele não tinha seguro. O proprietário da casa o processou em busca de indenização. O salário da Firestone foi confiscado.

Assim terminou sua brilhante carreira na Firestone. Ele continuou pulando de emprego em emprego. Um dia, em 1950, sem emprego e com fome, passou na frente de um pôster de recrutamento do exército. O cartaz fazia várias promessas que o atraíram: um teto, uma cama, três refeições por dia, a chance de aprender novas habilidades. "Parecia ser a solução. Pensei que ninguém ficasse ferido em tempos de paz. Assim, eu bem que poderia ganhar a vida como soldado, como em qualquer outro emprego."

Alistou-se em 15 de junho de 1950. Dez dias depois, descobriu que tinha cometido um grave erro. No dia 25 de junho daquele ano, tropas da Coreia do Norte inesperadamente invadiram a Coreia do Sul atravessando o paralelo 38. O exército dos Estados Unidos, de repente, estava mobilizado para a guerra. Em poucos meses, Charlie Williams estava na Ásia levando tiro.

"Pensei então que nada funcionaria para mim, nunca. Pensei que fosse o fim. Foi na Coreia do sul que comecei a beber para valer."

Todavia, houve mais um momento em que suas esperanças se renovaram. Quando deixou o exército no final da década de 1950, foi para Nova York e começou a procurar emprego. "Eu tinha 40 anos. Achei que seria minha última chance de conseguir alguma coisa. Parei de beber, fiquei totalmente sóbrio. Usei meu soldo para comprar algumas roupas boas. Eu realmente estava disposto a tentar mudar minha sorte."

Entretanto, ele não tinha qualificação alguma para oferecer. Um dia, sentado num banco de praça enquanto procurava emprego nos classificados de um jornal, teve o que considera o mais azarado dos encontros de sua vida. "Estava sentado ali e um sujeito apareceu do nada e se sentou do meu lado. Um mendigo maltrapilho e bêbado. Ele perguntou: 'Desempregado?' Respondi que sim, e ele disse: 'Vou te dar uma dica'. Achei que ele me diria onde eu poderia conseguir um bom trabalho. Em vez disso, o que me contou acabou comigo. Você pode dizer que foi minha destruição."

O mendigo contou a Charlie Williams sobre o Abrigo Municipal de Nova York, o "Muni", como era chamado pelos frequentadores — onde a população carente recebia cupons gratuitos para refeições e acomodação durante a noite em vários restaurantes e pensões baratas no distrito de Bowery. "Quando consegui minha refeição gratuita e um lugar para passar a noite naquele dia, desisti. A pressão tinha acabado. Eu não precisava mais procurar emprego. A partir daquele dia, nunca mais consegui sair dessa armadilha."

Cerca de duas vezes por ano depois desse dia, Charlie Williams tentava sair daquela situação. Ele arranjou vários trabalhos — lavava louça em uma cantina, entregava pedidos em uma lanchonete, lavava carros, recolhia lixo em um parque —, mas nenhum deles durou mais do que poucas semanas. Charlie logo desanimava. Se o trabalho envolvesse alguma irritação ou discussão, mesmo que de pouca relevância, ele desistia. O salário era sempre tão baixo que, em sua opinião, não valia a pena ficar quando as coisas não iam bem. A vida não tinha lhe dado motivo algum para esperar que as coisas pudessem melhorar caso insistisse. Ao fim de cada período de trabalho, gastava todo o dinheiro ganho em uísque. Voltava, então, para o abrigo municipal e passava os dias mendigando dinheiro para beber nas ruas do bairro.

Vi Charlie pela última vez em 1973. Não é fácil encontrar um homem que não tem casa, emprego, endereço para correspondência ou telefone, mas eu tentava de vez em quando e acabava encontrando-o em um bar ou parado na sua esquina favorita da Broadway. Eu lhe dava alguns dólares e perguntava o que estava acontecendo com ele. Em geral, nada acontecia em sua vida. Aquele dia em que o vi fazia frio, e ele estava com esperança de conseguir juntar esmola suficiente para chegar à Flórida. "Estou ficando velho demais para isso", disse, em seu surrado sobretudo do exército, castigado pelo vento frio de novembro.

***

Issur Danielovitch era um garoto durão em um ambiente inóspito. Como ele mesmo me contou muitos anos depois, era "o tipo de garoto que acabaria virando atendente em uma loja de departamentos de Amsterdam quando crescesse. Eu não ia dar em nada. Só queria saber de meninas..."

Ele e Charlie Williams não se lembram de ter se cruzado. Se tivessem se conhecido aos 11 ou 12 anos, no entanto, provavelmente os adultos da época teriam escolhido Willians como aquele com mais chances de vencer. Williams era um bom aluno, com um interesse especial em matemática. Danielovitch era um aluno que não se esforçava o suficiente e que, aparentemente, não tinha interesse intelectual algum.

Entretanto, fazer previsões sobre o futuro de alguém e basear essas previsões unicamente nos fatores de personalidade observados no presente representa não levar em conta o que Kirk Douglas chama de "Fator X" — a sorte. De modo estranho, parecia-me que Charlie Williams sentia-se mais confortável com sua má sorte do que Douglas com sua boa sorte. Quando conheci Williams, ele tinha praticamente parado de se preocupar com ela. Douglas, pelo contrário, permanecia surpreso com muitas das coisas que tinham acontecido em sua vida e passava boa parte do tempo tentando entender. Admite que não conseguia.

"Um homem gosta de sentir que tem controle sobre sua vida", afirma Douglas, "mas é ilusório. O Fator X está sempre presente. Você pode ter todo o talento do mundo, mas sem sorte não chegará a lugar algum".

Parte da má sorte do início da vida de Charlie Williams envolve maus professores. Issur Danielovitch teve uma experiência diametralmente oposta. O garoto perdido, vidrado em garotas, teve a boa sorte de cair nas mãos de uma professora, pelo visto, mais do que boa. Ela era excepcional. Hoje, ao se aproximar dos 60 anos, ele ainda se lembra bem da professora e fala muito dela. Atribui a ela o fato de sua vida ter mudado para melhor.

"Acho que ela me tomou como algum tipo de projeto. Talvez quisesse provar alguma coisa para si mesma, não sei bem, provar o quanto a gente consegue tirar de tão pouco. De qualquer modo, vivia me desafiando a fazer coisas que eu achava que não fosse conseguir fazer. Um dia, ela me pediu para participar de uma peça de teatro na escola. Não havia um motivo especial para o convite. Eu não tinha demonstrado interesse ou talento algum nesse sentido. Mas decidiu me chamar. Foi um golpe de sorte. Se não tivesse acontecido, ninguém fora de Amsterdam me conheceria hoje. Mas aconteceu, e me interessei em atuar; ela me estimulou e me incentivou ao longo de todo esse período, e foi assim que comecei."

O jovem Danielovitch trabalhou durante a faculdade em meio expediente como atendente em uma loja de departamentos de Amsterdam, depois foi para Nova York e tentou entrar no *show business*. Conheceu um grupo enorme de aspirantes a atores teatrais e divertiu-se muito, mas em termos de progresso profissional na carreira de ator seu resultado foi próximo a zero. "Eu morava em um quartinho sujo em Greenwich Village, trabalhava como garçom em um restaurante da Schrafft's. Consegui alguns papéis secundários em peças da Broadway, mas eram tão pequenos que mal dava para enxergá-los mesmo com um microscópio. Um deles era de fato invisível. Eu era um eco nos bastidores. Esse era o tipo de sucesso que eu alcançara. Quando entrei para a Marinha, em 1942, parecia que não tinha avançado um milímetro em relação ao início da minha carreira."

Entretanto, a sorte tinha seus próprios desígnios secretos. Quando Kirk Douglas partiu para a guerra, deixou para trás um círculo de amigos. Entre as jovens de quem se despediu, estava uma batalhadora atriz desconhecida chamada Lauren Bacall. Enquanto ele servia no Pacífico, Lauren Bacall passou por um período de muita sorte e virou estrela de Hollywood. ("Sua própria sorte depende da sorte de outras pessoas", afirma Douglas. "É loucura!") Ela convenceu um produtor a ver Douglas atuando quando ele voltou à vida civil e, assim, começou sua carreira no cinema. "Com certeza", diz Douglas, "eu tinha algum talento. Mas, se não tivesse sido por esse feliz acaso de conhecer Lauren Bacall, onde estaria esse talento hoje? Dezenas de amigos meus tinham talento também, mas seus nomes não são conhecidos hoje. Eles não tiveram essa sorte".

Durante algum tempo após sua chegada em Hollywood, Douglas atuou com grande distinção em uma série de filmes de segunda categoria. Em seguida, houve duas oportunidades que pareciam extraordinárias. Duas produtoras o procuraram em um pequeno intervalo oferecendo-lhe papéis principais. Uma empresa era grande e poderosa. O filme proposto seria caro, e o orçamento incluía uma remuneração que Douglas considerou extremamente generosa em termos de salários de ator. A outra empresa era pequena, nem um pouco rica. Ela estava planejando um filme de baixo orçamento com pagamento suficiente apenas para cobrir as necessidades mínimas. O risco da produção seria dividido com os atores. Se o filme fosse um sucesso, todos se dariam bem. Caso contrário, voltariam para casa sem nada no bolso.

"Escolhi a produção menor", afirmou Douglas. "Por quê? Eu não sabia na época e ainda não sei hoje. Foi só um palpite louco.

Sempre fui um sujeito que confia em seus instintos. Quando são fortes e parecem certos, confio neles. Esse foi um desses casos, embora eu não soubesse de onde tenha vindo. Segui meus instintos e deu certo".

O filme da pequena produtora chamava-se *O campeão*, um estudo bem-elaborado sobre o mundo do boxe. Esse filme transformou Kirk Douglas em astro. O filme da grande produtora foi recebido sem entusiasmo e se perdeu na obscuridade, juntamente com a maior parte dos atores que nele atuaram.

Um palpite como esse pode ser explicado racionalmente, pelo menos em parte. Em 1958, Douglas teve outra experiência desse tipo que não pode ser explicada dessa mesma forma. O produtor Mike Todd planejava viajar da Costa-Oeste para Nova York em seu jatinho particular e convidou Douglas para ir com ele. Douglas aceitou, fez as malas e não embarcou. "Não consigo explicar por que não fui. Não sou vidente, não senti premonição alguma sobre o desastre nem nada desse tipo. Foi uma dessas decisões que você toma sem saber o motivo." O avião caiu, matando todos a bordo.

A vida de Kirk Douglas desde então continuou sendo de muita sorte. Viveu boa parte dela sob os holofotes. É tão bem conhecida que não há necessidade de repeti-la aqui.

No entanto, as perguntas permanecem sem respostas. Será que Douglas e Williams contribuíram para sua própria sorte, e, se o fizeram, em que medida? Ou será que a sorte deles veio de forças que estão fora do seu controle? Se este for o caso, quais são essas forças e como elas funcionam?

Parte 2

Especulações sobre a natureza da sorte: algumas tentativas científicas

Capítulo 1

A teoria da aleatoriedade

MARTIN GARDNER, RENOMADO JOGADOR matemático que escreve uma coluna mensal sobre esse tema para a revista *Scientific American*, está convencido de que a sorte é fruto da mera aleatoriedade. Quando as pessoas falam sobre uma "sorte danada" e sobre "golpes de sorte" ou "dias de sorte", ele insiste em dizer que elas estão apenas falando sobre coincidências e padrões aparentes que tendem a surgir quando eventos aleatórios acontecem ao longo de um período longo o suficiente. O matemático Horace Levinson expressa a mesma visão em *Chance, Luck and Statistics*, um dos poucos livros que consegui ler sobre probabilidade. Outro livro assim é *Lady Luck: The Theory of Probability*, do professor de matemática Warren Weaver, que concorda com Gardner e com o Dr. Levinson.

Outros pensadores eminentes discordam, claro. Eles têm sua opinião formada, mas este capítulo pertence aos adeptos da teoria da aleatoriedade. Vamos ver o que é essa teoria e por que ela faz sentido para eles.

***

Alguns anos atrás uma mulher chamada Vera Nettick, que joga bridge em Princeton, Nova Jersey, conferiu as cartas que acabara de receber e quase as largou. A mão continha todas as 13 cartas de ouros.

No começo ela achou que tivesse sido vítima de uma pegadinha que os jogadores de bridge gostam de pregar uns nos outros, mas ela não saíra da mesa desde que as cartas foram embaralhadas, e, finalmente, concluiu que esse não era o caso. A pessoa que dera as cartas, à sua direita, abriu o jogo com duas cartas de copas. Obviamente, as outras três mãos não continham cartas de espadas. Sete copas ou espadas teriam superado sua mão, e seriam até possíveis. Ela imediatamente apostou um grande *slam* de ouros e prendeu a respiração. Seus oponentes optaram por não pagar para ver, e o grande *slam* era dela — um *laydown*. Ela sem dúvida se lembrará dessa mão espetacular para o resto da vida. Naquela noite a sorte estava com ela.

Sorte? O pessoal da teoria da aleatoriedade discordaria. Quando alguém chega perto deles falando sobre "sorte" no bridge ou em qualquer outro jogo de cartas, eles enfatizam que toda mão possível tende a sair mais cedo ou mais tarde. Eles podem até, atendendo a pedidos, apresentar um cálculo matemático fazendo uma estimativa da frequência em que mãos como a de Vera Nettick pode ser esperada. É mais frequente do que a maioria de nós imagina.

Existem aproximadamente 635 milhões de combinações de cartas possíveis de ter à mão no bridge. Dessas, oito podem ser chamadas de "mão perfeita", embora algumas sejam mais perfeitas do que outras. Para começar, existem quatro mãos perfeitas sem trunfo. Uma dessas conteria quatro ases, quatro reis, quatro rainhas e um dos quatro curingas. Qualquer uma dessas combinações de cartas seria, sem dúvida alguma, considerada perfeita, porque nenhuma aposta poderia cobri-la. Um pouco menos perfeitas, em ordem descendente, estão as combinações contendo todas as cartas de espadas, copas, ouros e paus. Se houver oito dessas mãos perfeitas em 635 bilhões de possibilidades, a probabilidade estatística é tal que uma combinação assim sairia uma vez a cada 79 bilhões de tentativas, aproximadamente. Agora basta estimarmos quantos jogos de bridge são jogados todos os anos e quantas mãos são distribuídas em cada jogo. Usando estimativas razoavelmente conservadoras, parece que a mão perfeita deveria ser dada a um jogador de bridge sortudo, em algum lugar dos Estados Unidos, aproximadamente uma vez a cada três ou quatro anos.

Para o jogador que recebe essa mão maravilhosa neste ano ou no ano seguinte, ou depois, o evento parecerá uma sorte danada. Para o pessoal que defende a teoria da aleatoriedade, será comum. (Os adeptos dessa visão são os estraga-prazeres do mundo da sorte.) Para eles, esse evento é tão inesperado quanto o nascer do sol. A única diferença é que a aparência de uma mão perfeita é menos previsível em termos de tempo.

Na verdade, seria surpreendente se essas combinações perfeitas não saíssem de vez em quando. Todas as possíveis combinações de cartas têm a mesma probabilidade de serem distribuídas. Se você especificar *qualquer* mão de 13 cartas de antemão, são 635 bilhões de chances contra uma de você escolher exatamente essa combinação de cartas. A única diferença é que a mão perfeita é a mais desejada, e por isso é mais impressionante e memorável para o jogador que a conseguir. Por isso também ela é mais comentada. Se você for um jogador de bridge, é pouco provável que possa reconstruir a última mão medíocre que recebeu na semana passada. Você não queria aquela combinação. Mas se tivesse conseguido a combinação perfeita, para a qual a probabilidade é a mesma, você se lembraria dela e repetiria eternamente a história para os amigos.

Os proponentes da teoria da aleatoriedade aceitarão relutantes que você tem o direito de ser feliz se tirar uma mão perfeita de bridge ou ganhar um prêmio milionário na loteria. Eles até tolerarão vê-lo resmungar sobre a "sorte", mas não permitirão que você se surpreenda. Alguém, mais cedo ou mais tarde, terá de receber a mão perfeita. E se por acaso essa pessoa for você, não tem o direito de ficar impressionado. É verdade: as chances de você não conseguir são enormes, mas são exatamente as mesmas de você tirar qualquer outro grupo de 13 cartas específicas. Como afirma o Dr. Levinson: "As chances estão sempre contra o que de fato acontece".

O Dr. Levinson ilustra seu ponto de vista falando sobre as loterias. Se você participar de um sorteio da loteria com um milhão de outras pessoas, as chances de alguém que não você ganhar o prêmio máximo são de um milhão contra um. Caso ganhe, o Dr. Levinson não quer que você fique surpreso. É claro que você ficará impressionado. Vai sair por aí dizendo: "Não acredito!", "Por que eu?" e "Nossa, tive muita sorte!" No entanto, para as autoridades que realizam a loteria, nada de interessante aconteceu. Uma pessoa tinha de ganhar o prêmio máximo. Do seu ponto de vista, a loteria é uma máquina confiável que faz precisamente o que foi projetada para fazer todas as vezes e não gera supresa alguma. Todas as vezes, sem maiores alardes, ela cria uma situação em que um homem ou mulher ganha uma fortuna contra todas as probabilidades.

A vida é assim. As coisas que acontecem conosco parecem incríveis porque as chances contra elas são muito grandes, mas o que quer que aconteça comigo certamente aconteceria com alguém. Se saio de carro de manhã e bato em outro cruzamento, xingo com indignação minha falta de sorte. O outro motorista e eu somos dois desconhecidos que partiram de destinos diferentes, por motivos diferentes, percorreram diferentes itinerários, tiveram sua velocidade influenciada pelos sinais de trânsito e outros motoristas cada qual com seus próprios motivos para estar ali, e uma variedade de outros fatores. Quando esse dia terrível começou, as chances contra nós chegarmos no mesmo cruzamento na mesma hora eram enormes: milhões contra um, talvez bilhões ou trilhões. Mas os policiais que chegam à cena não estão surpresos. Para eles, o acidente faz parte de uma certeza. Eles sabem que todos os anos determinado número de acidentes envolvendo dois veículos tende a acontecer no seu estado. Esses acidentes certamente acontecem com alguém.

O que é sorte para mim é certeza para outra pessoa. Esse é um dos motivos pelos quais os adeptos da aleatoriedade ficam deprimidos quando as pessoas falam sobre golpes "incríveis" de boa ou má sorte. Nenhum verdadeiro seguidor dessa teoria vai admitir que ficou surpreso com alguma coisa.

***

Nem as coincidências surpreendem essas pessoas racionais, teimosas e muitas vezes mal-humoradas. Elas conseguem parecer entediadas mesmo quando coisas improváveis acontecem, mesmo quando eventos aleatórios parecem seguir padrões que não têm direito aparente de existir. A teoria da aleatoriedade sustenta que as leis da probabilidade não são assim tão certinhas.

Existem duas leis fundamentais que devemos ter em mente.

A primeira diz que: qualquer coisa pode acontecer; a segunda diz que: se tem chance de acontecer, vai acontecer.

Vai acontecer — mais cedo ou mais tarde, considerando um número suficiente de eventos aleatórios que ocorrem a um número suficiente de pessoas ao longo de um período. Quando alguma coincidência estranha ou assustadora acontece, quando os eventos se reúnem em um padrão contra o qual todas as probabilidades parecem infinitas, as pessoas envolvidas ficam impressionadíssimas e podem começar a especular sobre quais foram as forças místicas ou físicas que entraram em ação para que aquilo acontecesse. "Não poderia ter acontecido por pura sorte!", protestam. Como afirma Martin Gardner, trilhões de eventos, grandes e simples, acontecem com bilhões de seres humanos todos os dias. Neste vasto oceano turbulento de inúmeros e infinitos acontecimentos, seria surpreendente se as coincidências não ocorressem de vez em quando. Uma das coincidências favoritas do Dr. Warren Weaver se deu há muitos anos em Beatrice, no estado de Nebraska. Da forma como a revista *Life* reportou o fato, 15 pessoas deveriam comparecer ao ensaio de um coral às 19h20 numa noite de inverno. No passado, houve muito estresse em relação à pontualidade rigorosa que deveria ser observada por essas 15 pessoas. Nenhuma delas gostava que os ensaios terminassem tarde da noite, e os mais pontuais ficavam irritados por terem chegado na hora e precisarem esperar pelos atrasadinhos para começar o ensaio. Assim, a pontualidade era a regra. No entanto, nessa noite específica, todos os 15 participantes do coral, incluindo o regente, se atrasaram. O atraso coletivo teve pelo menos 10 motivos diferentes. Um homem não conseguiu ligar o carro, um casal não conseguiu encontrar uma babá, e assim por diante.

A igreja, portanto, ainda estava vazia logo depois das 19h30. Foi exatamente nessa hora que o prédio foi destruído por uma terrível explosão que ocorreu nos fundos. Ninguém estava lá, ninguém morreu.

Alguns dos membros do coral e outros cidadãos da cidade falaram, de forma muito compreensível, sobre os desígnios da Providência, a mão protetora de Deus. Alguns falavam de precognição, presságios misteriosos e impressões particularmente impressionantes: "Tive essa estranha sensação de que havia um motivo para meu atraso..." Outras falavam do Destino, das estrelas, de resultados orquestrados: "Não era hora deles..." E, é claro, todos falavam sobre a sorte, de alguma forma.

O Dr. Weaver também fala sobre a sorte. Para ele, no entanto, o incidente da igreja na cidadezinha de Beatrice nada mais era do que uma feliz coincidência, uma reunião de eventos aleatórios que aconteceram ao mesmo tempo, de maneira que parecia significativa, mas sem força direcionadora ou orientadora por trás. Afinal, chegar atrasado não é algo tão incomum assim. Ter 15 pessoas atrasadas para uma reunião marcada provavelmente é menos raro do que conseguir que todas elas sejam pontuais. Parece um palpite seguro dizer que situações de 100% de atraso, em que cerca de 12 pessoas ou mais chegam atrasadas em algum lugar, apesar dos apelos por pontualidade, acontecem todos os dias. A maioria dessas situações passa despercebida porque não há nada de interessante sobre elas. O episódio da igreja de Beatrice virou notícia porque ocorreu uma explosão, e essa explosão transformou um fato corriqueiro e desinteressante em algo, no mínimo, diferente.

Dr. Weaver relata também um caso de coincidência mais comum, mas de certo modo mais surpreendente, envolvendo um homem chamado Kenneth D. Bryson. Passando por Louisville, no estado de Kentucky, em uma viagem de negócios, Bryson decidiu, por impulso, fazer uma parada de um dia e passear por aquela linda cidade. Ele se hospedou em um hotel recomendado por um estranho.

Para sua total surpresa, encontrou uma carta esperando por ele no hotel. A carta acertara seu nome e o número do quarto. "Kenneth D. Bryson, quarto 307". Ah, que estranho mistério! A carta havia sido enviada antes de Bryson decidir parar em Louisville e antes, é claro, de ele saber o hotel e o quarto em que ficaria.

A explicação, no final das contas, era tão estranha quanto a carta. O ocupante anterior do quarto era um homem com o mesmo nome: Kenneth D. Bryson.

Estranho? Certamente, mas não é uma violação da lei das probabilidades. Bryson deve ter procurado um sentido místico nesse estranho episódio, mas o pessoal da aleatoriedade o aconselharia a não ficar tão impressionado. A história apenas mostra que o que tem alguma chance de acontecer, acontecerá. Se milhões de pessoas entram e saem de hotéis todos os anos, mais cedo ou mais tarde duas pessoas com o mesmo nome se encontrarão.

Como matemático, Martin Gardner é fascinado por coincidências numéricas. Algumas pessoas acreditam que elas não são meros padrões do acaso. Gardner, sendo adepto da aleatoriedade — e ferrenho defensor dessa teoria —, insiste nesse ponto. Ele se lembra de um incidente em que um trem urbano de Nova Jersey caiu em Newark Bay, matando muitas pessoas. A história foi muito noticiada na imprensa. Uma foto impressionante mostra o último vagão do trem sendo retirado da baía, e o número estava claramente visível: 932.

Entre aqueles que se interessaram pelo número estavam vários milhares de apostadores profissionais de Manhattan. Pessoas que jogam com números em geral atribuem um significado místico a números que aparecem no noticiário. Para eles, o 932 que apareceu com destaque nas manchetes dos jornais era um sinal claro para apostar. Milhares de pessoas apostaram naquele número aquele dia, e, surpreendentemente, esse foi o número sorteado.

Avaliação de Martin Gardner: o número místico 932 apareceu em dois locais por puro acaso, e não em virtude de forças ocultas. Essas coincidências já aconteceram antes e continuarão a acontecer.

Coincidências acontecem com todo mundo. A maioria delas é trivial e não gera nada além de uma surpresa momentânea, um sorriso ou um encolher de ombros. Algo o faz se lembrar de um amigo há muito tempo distante quando, de repente, toca o telefone e é esse amigo. Você encontra uma palavra que nunca viu antes, procura o significado no dicionário e, nos próximos dias, a palavra aparece em praticamente tudo que você lê. Você está procurando emprego há meses e nada aparece, quando, de repente, surgem três ofertas no mesmo dia. Essas são experiências humanas comuns. Fazem parte de evidências oferecidas em apoio a algumas teorias intrigantes e difíceis de comprovar sobre a sorte, mas para os discípulos da aleatoriedade, elas ilustram a maneira como operam as leis da probabilidade.

★★★

Como iconoclastas da sorte, os adeptos da aleatoriedade estão sempre na posição de eliminar qualquer manifestação poética dos outros. Um golpe de sorte é sempre surpreendente e misterioso para o homem ou mulher que o vivencia, e muitas vezes origina especulações religiosas, ocultas ou físicas. A teoria da aleatoriedade demanda de seus discípulos que reprimam a especulação onde quer que a encontrem. Nunca conheci alguém que tenha desdenhado abertamente da sorte, mas é comum ouvir um comentário sarcástico por trás de suas palavras, como a lembrança do sinal da escola tocando quando já está na rua se divertindo. Essa posição filosófica inevitavelmente dá margem a certa qualidade irritável nessas pessoas, certa falta de alegria e verve. Elas estão sempre dizendo: "Não é tão interessante quanto parece."

Às vezes essa avaliação, "não tão interessante", é subjetiva. Outras pessoas, ao analisarem a mesma situação com base em outras perspectivas, talvez a considerem interessante, e muitas delas acreditam ter bons motivos para isso. Por exemplo, considere as dificuldades enfrentadas por Marie-Thérèse Nadig, uma esquiadora suíça participante das Olimpíadas de Inverno de 1976, em Innsbruck, na Áustria. Ela era uma das esquiadoras mais observadas naquele evento de estrelas, pois era detentora de vários prêmios, aparentemente com excelentes chances de conquistar medalhas em mais de uma modalidade, inclusive no *slalom*. Pelo que pareceu ser uma falta de sorte tremenda, ela voltou para casa de mãos abanando.

Logo depois de chegar a Innsbruck, Marie-Thérèse Nadig perdeu seu amuleto da sorte que levava consigo havia anos: um pequenino par de esquis de ouro. Era uma bijuteria barata, que só tinha valor sentimental e provavelmente supersticioso. Alguns dos amigos ficaram apreensivos com a perda. Ela disse que não ficou preocupada.

Quando chegou a Innsbruck, planejando treinar todos os dias, foi logo abatida por uma onda de azar na forma de uma gripe. Ficou de cama alguns dias.

Antes da competição estilo livre, Nadig conseguiu levantar da cama e sair para praticar. A onda de azar continuou. Ela escorregou e deslocou o ombro. A distensão foi tão grave que ela teve de abandonar a disputa.

Ainda havia o *slalom*. Ela começou a descida, aparentemente em boa forma. De repente, a ponta de um de seus bastões soltou. Com coragem admirável, tentou terminar a competição. Mas era uma pista difícil, mesmo para um esquiador com os dois bastões. Com apenas um, era impossível.

Os fãs dos esportes, assim como jogadores, o pessoal do teatro e algumas outras profissões, ficam muito preocupados com o papel da sorte no seu sucesso ou fracasso, e tendem a falar disso em termos místicos. Muita gente em Innsbruck, e também quem acompanhou os jogos pela TV nos Estados Unidos, sentiu que as forças do destino tinham se unido contra a azarada esquiadora suíça por motivos desconhecidos — talvez para dar boa sorte às mulheres que ganharam as duas competições —. Evidentemente, não há como provar nada disso, mas a especulação tornou a história de Nadig mais contundente e, de alguma forma, mais aceitável. Um adepto da teoria da aleatoriedade que conheci numa festa, um engenheiro da American Can, rotulou a história com o selo oficial da aleatoriedade: "Não interessante." Ele observou que havia uma epidemia de gripe na Vila Olímpica naquele período, por isso não havia surpresa alguma no fato de certa esquiadora suíça estar entre os infectados. Especulou que o ombro deslocado, seu outro grande azar na competição, pode ter resultado de sua fraqueza e fragilidade gerais, resíduos da forte gripe que a derrubou. Assim, a gripe e a lesão no ombro deveriam ser consideradas um só evento de má sorte, em vez de dois. Quanto ao bastão de esqui que se quebrou: "Bem, as coisas estão sempre quebrando e estragando. O que há de estranho nisso?"

Ele não conseguiu provar que a história era desinteressante. Só achava que era. Em alguns casos, no entanto, a teoria da aleatoriedade pode provar matematicamente que determinada história é menos surpreendente do que parece. Existem certos tipos de coincidências e golpes de sorte aparentes e outras situações em que nosso senso comum nos engana bastante. As situações parecem muito improváveis, parecem violar as leis da probabilidade, mas na verdade as leis estão sempre operando perfeitamente bem. Essas situações são muito mais comuns do que a gente imagina.

Quando eu estava no exército, por exemplo, pediram que os cem homens do meu batalhão formassem uma fila por ordem de data de aniversário, começando com 1º de janeiro e terminando com 31 de dezembro. O motivo para o exercício me escapa agora, mas produziu o que considerei um resultado interessante. Dois outros homens e eu descobrimos, para nossa surpresa, que tínhamos nascido na mesma data em três anos consecutivos: 28 de junho de 1927, 28 de junho de 1928 e 28 de junho de 1929. Nos meses seguintes, conversamos muito sobre essa coincidência, atribuindo-lhe um significado místico, bebemos muita cerveja juntos, filosofamos sobre a Vida, a Morte, o Destino e outros temas grandiosos. Um dos meus companheiros de aniversário tinha uma namorada astróloga, e ela aumentou nossa admiração geral afirmando que tínhamos sido reunidos por uma Força Invisível. Enquanto nosso elo místico estivesse firme, proclamou a astróloga, essa Força nos guiaria pela seara da boa sorte.

Bem, talvez fosse o caso. Mas a reflexão madura deixa claro que a reunião de três companheiros de aniversário realizada naquelas circunstâncias estava longe de ser surpreendente — na verdade, era esperada. Aliás, o fato de serem três anos consecutivos era bastante claro. Todos os cem membros daquele batalhão eram jovens, nenhum deles tinha menos de 18 anos, pouquíssimos tinham mais de vinte e poucos anos. Praticamente todos tinham nascido entre 1926 e 1930.

Isso explica a coincidência dos anos. Quanto ao mês e dia de nascimento, 28 de junho, essa aparente coincidência era uma demonstração de algo chamado "paradoxo do aniversário", com o qual os pupilos da lei da probabilidade gostam de confundir as pessoas. Não há necessidade aqui de entrar nos detalhes matemáticos do paradoxo aqui, mas parece que o encontro de pessoas com datas de aniversário coincidentes é muito mais provável do que nossa intuição ou o senso comum conseguem perceber. Basta reunir 23 pessoas, e as chances são maiores do que 50-50 de haver pelo menos um par de pessoas no grupo que nasceram no mesmo dia. Com 50 pessoas, as chances a favor desse resultado são acima de 30 para 1. Com 100 pessoas, as chances são maiores de 3 milhões para 1, o que quer dizer que o resultado é praticamente garantido.

No meu batalhão de mais de 100 homens, portanto, seria surpreendente se não encontrássemos pelo menos dois aniversariantes no mesmo dia. Na verdade, havia três outros pares além de nós três — o que corresponde à previsão das leis da probabilidade. Nossa tripla coincidência era mais rara do que um par, mas as chances contrárias não eram tão altas assim. Num grupo de 100, havia uma chance em três de encontrar esse trio.

★★★

Os adeptos da aleatoriedade também cultivam uma atitude *blasé* em relação a marés de sorte, que fascinam todo mundo. Uma "maré de sorte", como normalmente é definida, é uma espécie de coincidência em que momentos de boa e má sorte se unem em determinado período de tempo ou sequência de eventos bons e ruins. Todo mundo passa por períodos assim. Há dias em que tudo que tocamos vira ouro, e outros em que tudo vira... Bem, sejamos educados e chamemos de poeira e cinzas. Se você joga bridge, pôquer ou qualquer outro jogo de cartas, sabe muito bem que existem certas noites em que você só pega cartas especiais e outras em que preferiria estar no cinema.

Essas marés exigem explicação. Se estamos falando de bridge ou pôquer sem grandes quantias de dinheiro envolvidas, esses momentos não têm maiores consequências fora do âmbito da partida. Se as apostas, os investimentos ou as decisões que tomamos envolvem valores mais altos, ou se precisamos alcançar metas pessoais, o fenômeno das marés de sorte torna-se essencial, uma vez que pode influenciar o curso de uma vida inteira. No entanto, um período assim é igualmente misterioso se ocorre em uma partida de bridge entre vizinhos ou numa aposta desesperada feita com as economias de uma vida inteira.

O que causa essas marés?

A teoria da aleatoriedade oferece sua explicação coerente e irritante. Marés de sorte? Claro. Quando os eventos acontecem de modo aleatório, tendem a se reunir aqui e ali. Nenhuma praia é perfeitamente nivelada. Os efeitos aleatórios do vento, das ondas e das correntes criam montes de areia aqui, vales ali.

É até possível fazer previsões matemáticas sobre o grau e a frequência de tais agrupamentos. Se jogarmos uma moeda muitas vezes, esperamos que dê coroa praticamente metade das vezes. Quanto mais lançar a moeda, mais perto estará de alcançar a expectativa de tirar coroa 50% das vezes, conforme previsto pelas leis da probabilidade. Esse é o resultado de longo prazo esperado. Mas as leis de probabilidade não exigem que os resultados sejam alternados com perfeita regularidade, cara-coroa-cara-coroa. Pelo contrário, as leis preveem que haverá períodos só de caras de vez em quando, e também de coroas.

Se lançarmos uma moeda 1.024 vezes, afirma o professor Weaver, podemos esperar um período em que dará coroa oito vezes seguidas. Isso não é garantido. As estatísticas afirmam apenas que existe maior probabilidade de que aconteça. Se apostar que vai acontecer, em outras palavras, você tem chance de ganhar. Da mesma forma, nessa mesma série de 1.024 lances, as chances são maiores se você apostar que haverá dois períodos de sete coroas seguidas, quatro períodos de seis coroas seguidas e oito períodos de cinco coroas seguidas.

As mesmas leis se aplicam a qualquer situação aleatória desse tipo ou daquele — o glamouroso e antigo jogo da roleta, por exemplo. Existem dezenas de maneiras diferentes de apostar na roleta, mas três tipos são iguais a lançar uma moeda. Você pode apostar no vermelho ou no preto, em números pares ou ímpares, ou em números altos ou baixos (1 a 18 ou 19 a 36). Essas são as chamadas apostas externas *even money*. Se você apostar um dólar e ganhar, receberá outro dólar e dobrará seu dinheiro. Alguns apostadores passam de um tipo de aposta para outro, mas os jogadores mais tradicionais escolhem um tipo de aposta para fazer em determinada noite — em geral como resultado de um palpite ou presságio místico — e se fixam nessa aposta. Eles podem apostar várias vezes em números pares, por exemplo. Se você aposta dessa maneira, obviamente espera que números pares sejam sorteados durante o período em que estiver jogando.

As leis da probabilidade afirmam que deve haver períodos de números pares, e de fato existem — e períodos de números ímpares, e vermelhos, e tudo o mais. Em Monte Carlo, certa vez, os números pares saíram 28 vezes seguidas. Se você estivesse lá naquela noite e tivesse começado a apostar um dólar em um número par, deixando o dinheiro fluir solto, de modo que ele dobrasse a cada vez, depois da 28ª rodada, teria ganhado pouco mais de US$ 134 milhões. Os limites do cassino quanto ao tamanho das apostas teriam proibido esse procedimento, mas ainda assim a gente sonha com ele.

Se tivesse continuado a apostar na 29ª rodada, no entanto, teria perdido tudo, incluindo seu dólar original. É triste pensar nisso, mas ilustra bem uma desvantagem da teoria da aleatoriedade. A teoria nos diz em geral o que esperar, mas nunca prevê quando.

A lei da probabilidade nos diz que a chance de um número par ser sorteado aproximadamente 28 vezes seguidas é de uma a cada 268 milhões. Mas esse conhecimento pouco nos ajuda na hora de fazer a aposta. Não dá para saber quando aquele período vai começar. É praticamente certo que ocorra de novo, em alguma roleta, em algum lugar e em algum momento, se as pessoas continuarem a apostar na roleta, mas ninguém sabe se vai acontecer este ano em Las Vegas ou daqui a um século em algum cassino ainda não construído. Além disso, se um período de números pares se prolongar para quatro, cinco, seis vezes seguidas, não existe como saber quando vai parar. Se você está no começo de um período desses com o número 28, será que deveria continuar apostando nele? Ou será que a maré do 28 vai parar na sexta vez, e você deveria pegar o que ganhou e parar?

Quando é a hora certa de começar a apostar ou de parar? Quanto tempo vai durar a maré de sorte? A teoria da aleatoriedade não tem respostas a oferecer. Admite total incompetência diante dessas questões.

A sorte é um elemento não gerenciável na teoria da aleatoriedade — não gerenciável quer em jogos de azar, quer nas questões mais sérias da vida, que por si só é um enorme jogo de azar. A teoria pode anunciar as chances contra e a favor de determinado desfecho, mas para por aí, desconcertada. Quando contei a Martin Gardner que escreveria um livro sobre a sorte, ele me desaconselhou. Achou o tema "amorfo" demais. À luz da teoria da aleatoriedade, evidentemente. A sorte é algo que acontece. Não há nada sensível que possamos dizer ou fazer a esse respeito.

Os jogadores profissionais, que lidam todos os dias com a essência destilada da sorte, tendem a sentir, por esse exato motivo, que falta algo nessa teoria. A maioria acha que o elemento da sorte pode ser mais bem-administrado do que o proposto pela teoria. A sorte para eles é mais tangível, mais real — algo que tem existência separada, em vez de ser só um rótulo para os resultados de eventos aleatórios.

Uma dessas pessoas é o Major A. Riddle, presidente do Dunes Club de Las Vegas. Alguns anos atrás, ele escreveu um texto fascinante, intitulado *The Weekend Gamblers Handbook*, um guia para jogadores de fim de semana, e fez a seguinte reclamação: "A sorte[...] é o único elemento que raramente é incorporado à teoria das apostas. Compreender os meandros da sorte é uma parte tão importante do jogo quanto saber avaliar as suas chances de vitória."

Sua visão da sorte é claramente diferente daquela proposta pelos adeptos da teoria da aleatoriedade. Ele estudou essa teoria com atenção, e no seu texto propõe vários cálculos de probabilidade tão sofisticados que não seriam criticados pelo pessoal que defende essa teoria. Mas ele vai além e fala da sorte como uma entidade separada. Afirma que a sorte é um elemento que pode oferecer ajuda adicional (ou problemas adicionais) além das chances estatísticas.

Por exemplo, aconselha as pessoas a "testar" a sorte antes de embarcar em qualquer aventura, seja um jogo de apostas, seja algo de maior significado pessoal. Se você entrar em um cassino, afirma Riddle, deve fazer algumas pequenas apostas "para ver como está sua sorte naquele dia". Se estiver indo bem, vale a pena partir para apostas mais altas.

Para um proponente da aleatoriedade, isso não faz o menor sentido. O fato de ter tido uma maré de sorte, afirma a teoria da aleatoriedade, não é indicação alguma de que ela continuará. Quando você fizer sua próxima aposta, as chances a favor e contra são as mesmas, quer a aposta tenha sido precedida ou não por uma maré de sorte em apostas anteriores. Assim, qualquer conversa no sentido de "testar" a sorte é vã.

Não para o Major Riddle, no entanto, nem para muitos outros apostadores, especuladores de investimentos e pessoas que gostam de correr riscos em geral. Riddle insiste que a sorte é uma força misteriosa que de alguma forma (ele não sabe como) aumenta ou diminui as chances a favor de determinada pessoa em determinado período de tempo. Existem pessoas que acham que sabem, mas Riddle, modestamente, não apresenta teoria alguma sobre o tema. Afirma apenas que as marés de sorte, quando chegam, podem ser previstas com antecedência e, dentro de certos limites, podem ser gerenciadas.

Ele conta a história de um jornaleiro que numa noite resolveu tentar a sorte no cassino de Dunes com US$ 20 no bolso. Ele fez algumas pequenas apostas em uma mesa de *craps*, um jogo de dados, ele ganhou as apostas. Para Riddle, que estava bem ao seu lado, esse era um sinal de que a sorte do jornaleiro estava boa naquela noite. No jargão dos apostadores, o sujeito estava "quente". Assim, Riddle aconselhou-o a fazer apostas cada vez mais altas. O jornaleiro continuou com sorte e ganhou várias vezes. A maré de sorte foi bem-aproveitada. Mas agora temos uma nova pergunta para responder: quando ela pararia? Será que o jornaleiro deveria continuar apostando valores cada vez mais altos e arriscar perder tudo caso a maré acabasse de uma hora para outra? Riddle sentiu que a maré estava baixando e insistiu com o jornaleiro para que ele parasse de apostar. O homem não queria, mas sua sorte estava tão boa naquela noite, segundo Riddle, que ela mesma se encarregou de resolver o problema. Ele estava bebendo há horas e acabou desmaiando.

Quando acordou no dia seguinte, durante o café da manhã, recebeu de Riddle os ganhos da noite: US$ 21.265.

Os defensores da aleatoriedade reconhecem que tais aventuras podem acontecer até com frequência, mas são céticos quanto à possibilidade de detectarmos com antecedência e gerenciarmos marés de sorte no sentido descrito por Riddle. Na sua interpretação dos ganhos do jornaleiro, eles diriam que o rapaz ganhou porque houve um padrão favorável de eventos. Nada "causou" esse padrão favorável. Não houve nada que tenha aumentado a probabilidade para esse padrão ocorrer naquela noite em vez de em qualquer outra, nem especificamente com o jornaleiro ou com outra pessoa qualquer.

A própria ideia de alguém ser "pé quente" no sentido atribuído aos apostadores é absurda para um discípulo da aleatoriedade. Quando dizemos que alguém tem pé quente, de modo implícito afirmamos que essa pessoa tem temporariamente mais sorte do que o normal. Essa propensão para a sorte não existe no universo da aleatoriedade.

***

Harry Walden é um jogador crônico e praticamente um perdedor crônico. Ele tem 55 anos, nunca se casou, mora sozinho e afirma que não se importa com isso. É um homem pequeno e magro, com um nariz avantajado e um sorriso envolvente. Já trabalhou como motorista de ônibus, taxista, motorista de caminhão e vendedor de sapatos. No momento, está desempregado. Para ele, isso não é problema, pois tem mais tempo para visitar Yonkers, Aqueduct e outras pistas de corridas de cavalos perto de Nova York.

Harry não teve muito sucesso na vida, e o mais estranho é que não tem vergonha disso. É uma figura realmente rara. Descreve sua teoria com grande entusiasmo e até certa graça ferina. É impecavelmente generoso quando tem dinheiro e não reclama quando não tem. Podemos dizer que é um homem desapegado da sorte que teve na vida. Ele a observa chegar e ir embora com algum interesse, mas sem grande envolvimento pessoal. É razoável supor que se importa, mas não parece se importar muito. Para ele, a vida é tão repleta de circunstâncias aleatórias que não é possível encontrar qualquer significado ou propósito nela. Em vez de tentar encontrar uma ordem na aleatoriedade ou de brigar com ela, ele dá de ombros e aceita as circunstâncias. Entrega-se à sua mercê apostando sempre que tem dinheiro suficiente para apostar.

"Às vezes a gente ganha, às vezes a gente perde", diz alegremente. "Fiz muita besteira na vida. Fui preso algumas vezes, uma delas por roubar dinheiro para pagar um agenciador de apostas; já fui recolhido das ruas bêbado e desgrenhado outras tantas. Mas não bebo mais. Três anos atrás, um médico me disse: 'Harry, você tem duas opções. Ou coloca uma rolha nessa garrafa ou não passa deste ano.' Então, parei de beber na mesma hora. Falei com minha família e eles perguntaram por que eu não parava de apostar nos cavalos também. Eles vivem me dizendo: 'Harry, seu palhaço, se você conseguiu parar de beber, também consegue parar de jogar.' Mas, veja bem, não vejo motivo algum para isso. Digo a eles: 'Jogar não mata ninguém, não é? Continuo aqui, certo?' Certo. Penso assim: todo mundo tem o direito de aproveitar sua própria forma de diversão inocente. Além disso, talvez um dia eu acerte e ganhe muito dinheiro. Só assim mesmo para eu ganhar dinheiro."

Pergunto a Harry se é por isso que ele gosta das corridas de cavalos — ele as considera sua esperança de alcançar a fortuna. Ele ri. "Esperança? Não, não diria exatamente esperança. É algo que pode acontecer, só isso. Se acontecer, ótimo, mas eu estaria no hospício agora se ficasse esperando alguma coisa. A esperança pode matá-lo, sabia disso? Não, eu a recebo do jeito que chega para mim. Alguns dias tenho sorte. Algumas semanas atrás, por exemplo, eu estava perdendo todas. Estava no buraco. Quero dizer, completamente quebrado. Não tinha dinheiro nem para comprar feijão. Na quinta corrida, tinha só dois dólares no bolso. Houve uma troca de jóqueis. Pareceu um sinal de sorte, então decidi apostar tudo: dois dólares. Ganhei. Consegui alguma grana. Não muita, mas alguns trocados. Estava a caminho para pegar o dinheiro na bilheteria e o que vejo no chão? Duas apostas vencedoras de dez dólares no mesmo cavalo. Alguém as jogou fora por engano.

Agora sim, podia dizer que foi sorte grande. Saí dali com 800 dólares no bolso. Naquela noite, a sorte sorriu para mim.

"Contudo, outras vezes a situação muda completamente. Ganho muito às vezes, mas nunca o bastante, é por isso que estou quase sempre duro. Tenho um histórico de errar o cavalo vencedor por pouco. Essa é quase a história da minha vida, e à minha volta vejo todo mundo ganhando. Até os ajudo nisso. É como se a sorte passasse bem pertinho de mim e acertasse o sujeito ao meu lado. Tem outra história boa. Eu estava na Yonkers numa noite dessas. Fiz a aposta dupla. Tinha esse palpite de 50 para 1. A égua se chamava Sugar Hill Millie, nunca vou esquecer o nome. Apostei tudo nela. Ela cruzou a linha de chegada junto com outro cavalo, numa disputa acirradíssima. A decisão só pôde ser feita por meio de foto. Fiquei esperando dez minutos só para descobrir que meu cavalo tinha perdido. Cheguei muito perto de sair dali com seis mil no bolso. Teria sido maravilhoso, mas voltei para casa sem um tostão.

"Todavia, a história não acaba por aí. A caminho de casa, parei para tomar um café numa lanchonete que muitos de nós costumamos frequentar. Nessa noite, estava lá um casal. Eles tinham passado o dia nas pistas, mas perderam muito dinheiro e saíram cedo, imaginando que não era o dia de sorte deles. O sujeito parecia arrasado, como se nada que ele fizesse naquele dia fosse dar certo. Ele me viu chegar e perguntou: 'Ei, Harry, você viu o resultado da dupla combinada? Como foi?' 'Não queira saber', respondi, 'estou deprimido demais. Acho que foi o número sete.' O sujeito deu um pulo e gritou: 'Caramba, esse é o meu cavalo!' Ele pegou a esposa, largou o lanche na mesa e voltou correndo para as pistas. Ganhou cinco mil dólares. Ele tinha tanta certeza de que perderia que teria jogado os bilhetes fora, se eu não tivesse aparecido ali na hora certa."

Será que Harry tem uma teoria sobre a sorte para propor? Não.

"Não faz qualquer sentido", afirma. "Não tem jeito de saber. Fulano é honesto, sustenta a avó, paga seus impostos, compra papoulas de veteranos de guerra. Sempre tem um trocado para dar para caridade. Beltrano é justamente o oposto, rouba de criancinha e vende a alma. Quem vence na vida? Não necessariamente o honesto. Não, não faz sentido. Se você conseguir explicar a sorte, me conte."

Harry ficou calado por uns instantes. Depois voltou a sorrir: "Ah, deixa para lá", disse. "Você perde hoje e ganha amanhã. E sempre existe um amanhã, não é?"

Capítulo 2

As teorias psíquicas

O Dr. Robert Brier encarou-me e disse que tinha um sistema infalível para ganhar na roleta.

Infalível? Essa palavra é forte. Perguntei ao Dr. Brier se ele realmente estava falando sério. Ele confirmou. Acrescentou outra palavra forte e chamou o sistema de *inequivocamente* infalível. Ele e um colega testaram o método várias e várias vezes em cassinos de Las Vegas e Curaçau, afirmou Brier, e nunca voltaram para casa com menos dinheiro do que chegaram.

Isso era estranho. Martin Gardner me dissera, com o mesmo grau de certeza: "Ninguém ganha regularmente na roleta, a menos que o jogo esteja viciado e a pessoa faça parte do esquema. Naturalmente, os cassinos gostam de alimentar o mito, porque atrai jogadores." Estudei todos os tipos de sistemas de roleta inventados durante séculos e havia me convencido, com a ajuda de Gardner e outros estudiosos, de que nada poderia dar certo. Muitos desses sistemas parecem plausíveis e atraentes em uma primeira análise, e, por causa disso, muitos sobreviveram anos. Alguns podem diminuir o risco de perdas substanciais, mas também diminuem, em igual proporção, as chances de ganhos substanciais. Nenhum dos sistemas consegue eliminar as chances contrárias que o jogador tem de enfrentar. Essencialmente, todos os sistemas são parecidos: você ganha se tiver sorte.

No entanto, aqui estava o Dr. Bob Brier me contando uma história diferente. Brier é professor de filosofia no C.W. Post College, da Universidade de Long Island. Com trinta e poucos anos, cabelos cacheados e muita energia, Brier é sempre bastante animado. Durante boa parte da vida se interessou por parapsicologia — o estudo de fenômenos psíquicos, que são supostos poderes humanos, ainda sem comprovação científica, como a capacidade de ler pensamento (telepatia), prever o futuro (clarividência ou precognição) e mover ou influenciar objetos físicos por força mental direta (psicocinética). O sistema de roleta "infalível" depende da precognição.

Como isso funciona, e qual sua linha de argumentação?

"Obviamente", afirma Brier, "se você consegue prever o futuro de forma infalível, poderá vencer fácil qualquer roleta, também de forma infalível. Se você sempre consegue dizer se vai dar vermelho ou preto, poderia dobrar e dobrar as apostas todas as noites, até atingir o limite da casa. Mas existem pessoas que efetivamente preveem o futuro, mas não de forma infalível, e essa sempre foi uma importante frustração na parapsicologia. Determinada pessoa pode ter seus poderes psíquicos atuando a seu favor um dia, e não no dia seguinte. Em jogos de adivinhação de cartas e na roleta, essa pessoa pode ter um desempenho 10% acima das expectativas aleatórias em relação a uma longa série de tentativas, mas durante esse período mais longo haveria períodos em que esses poderes não teriam efeito. É fácil identificar os tipos de problemas que podem surgir ao aplicar essas ideias aos jogos. Se você tem essa pessoa para ajudar a jogar na roleta ininterruptamente durante um mês inteiro, no final desse período, você sairá ganhando. Mas esse enfoque não seria prático. Você precisa de uma grande reserva de caixa para manter-se no jogo nos dias em que os poderes psíquicos não funcionarem. Além disso, morreria de tédio."

Essa dificuldade foi o maior problema enfrentado pelo Dr. Brier ao elaborar seu sistema infalível. Basicamente, ele fez o seguinte: buscou a ajuda de uma estudante, que ele identifica apenas com H.B. Ela já havia demonstrado um enorme talento precognitivo.

Ele pediu que ela fizesse previsões — vermelho ou preto — em 50 rodadas da roleta em determinado cassino, em uma data e hora específicas. Ela repetiu esse processo algumas vezes no intervalo de alguns dias, de modo que houvesse várias previsões em cada uma das 50 rodadas. Brier registrou os números mais votados em todas as previsões em cada rodada. Para a primeira rodada, por exemplo, ela previu que o preto sairia mais vezes do que o vermelho, por isso ele registrou a previsão como preto. Dessa forma, ele esperava que o problema da falta de confiabilidade pudesse ser diminuído.

Em seguida, na data determinada, ele foi ao cassino especificado em Curaçau com seu amigo Walter Tyminski. Tyminski é um apostador inveterado e presidente da Rouge et Noir, Inc., uma empresa que publica textos e boletins de apostas. Após calcular a média das previsões feitas por H.B., Brier e Tyminski observaram a roleta sem apostar durante algumas rodadas. As previsões de H.B. demonstraram um ligeiro desvio da expectativa da sorte pura. Os dois felizes apostadores começaram a apostar no restante das 50 rodadas, guiados pelas outras previsões. Apostaram pouco no início, depois aumentaram os valores. Eles saíram do cassino consideravelmente mais ricos do que entraram. Brier não informa quanto ganharam.

★★★

Se existirem poderes psíquicos, eles seriam muito úteis para explicar a sorte. Entretanto, o estudo dos fenômenos psíquicos é estranho. Seus adeptos querem classificá-lo como ciência (e eu o fiz aqui), mas as outras ciências não estão muito dispostas a aceitá-los como membros do seu clube. Até hoje, o melhor que pode ser dito sobre esse estudo é que ganhou uma espécie de associação de segunda classe provisória.

Alguns físicos, biólogos e outros cientistas acreditam que os fenômenos psíquicos de fato existam, e que a parapsicologia é um campo de estudo que vale a pena. Outros acreditam que pode ser interessante, mas tendem a duvidar dos resultados. Outros, ainda, acham que se trata de uma forma de ocultismo disfarçado em trajes acadêmicos. Finalmente, alguns o consideram uma enorme e ultrapassada bobagem.

O problema é que a parapsicologia lida com forças que não podem ser medidas ou descritas satisfatoriamente — de qualquer modo, ainda não o foram. Pior que isso, mesmo se aceitarmos que as supostas forças de fato existam, é muito difícil imaginar qual seria seu funcionamento. Se H.B. pode ficar em Nova York e prever qual serão os números sorteados na roleta em Las Vegas ou em Curaçau dali a um mês, como essa informação entra na sua mente? Com que forma de energia, transmitida de que maneira, por meio de quais canais? Os parapsicólogos tentam inventar respostas, mas só conseguem fazer com que a própria pergunta soe mais tola.

Como o Dr. Brier lamentou na publicação *Social Policy*: "A parapsicologia é a ciência que estuda fenômenos que não podem ser explicados no âmbito dos esquemas conceituais da física moderna." Se fenômenos psíquicos existem, não há nada na ciência moderna para explicá-los, pelo menos na ciência que conhecemos aqui no Ocidente. Algumas ciências e filosofias orientais parecem estar mais abertas à possibilidade da existência de forças psíquicas. Entretanto, para o cientista ocidental, com sua insistência de que seus experimentos possam ser repetidos e seu desejo insaciável por uma teoria sensível para explicar quaisquer efeitos que sejam observados, os fenômenos psíquicos são um enigma desconcertante. Ele ficaria mais satisfeito se eles pudessem sumir e parar de incomodá-lo.

Parece pouco provável que isso aconteça. Por outro lado, parece pouco provável que eles obtenham a aceitação completa da comunidade científica ou do mundo como um todo, pelo menos durante nosso período de vida. A previsão mais segura é que o debate sobre esses fenômenos continue. Os parapsicólogos continuarão produzindo evidências para demonstrar que os fenômenos alegados existem, e outros cientistas continuarão questionando e derrubando as evidências nesse sentido.

Boa parte das provas produzidas até hoje veio de testes de laboratório nos quais as pessoas adivinharam que cartas estavam sendo viradas em locais fora de seu alcance visual ou auditivo. O Dr. Joseph Banks Rhine, um jovem botânico, popularizou esse enfoque de adivinhação de cartas na década de 1920 e praticamente inventou a ciência da parapsicologia. (Antes disso, o estudo desses fenômenos estava decididamente no campo do "ocultismo".) Rhine e seus discípulos continuaram apresentando exemplos de casos — pessoas com uma capacidade aparentemente incomum de "saber" o que não poderiam saber por meio dos cinco sentidos comuns.

Cada parapsicólogo tem seu caso favorito. O de Rhine foi durante algum tempo o caso de Hubert Pearce, um estudante da divindade. Rhine e Pearce trabalharam com cartas de teste especiais, 25 em cada baralho, cada carta marcada com um de cinco símbolos possíveis. Se você não tivesse talento para a percepção extrassensorial e desse palpites aleatórios sobre a ordem em que as cartas seriam sorteadas, a probabilidade estatística seria de conseguir acertar cinco cartas em um total de 25. Pearce, durante algum tempo, alcançou uma média perto de dez por baralho e chegou a acertar 25 cartas. As chances de acertar tudo por meio da coincidência aleatória é microscópica. "Não teria acontecido por pura sorte", insistiu Rhine. "Portanto, outra força deve estar em jogo, e temos de aceitar a existência desses fenômenos extrassensoriais."

Outros parapsicólogos apresentaram casos ainda mais estranhos. De acordo com o *Guinness — Livro dos Recordes*, o mais incrível de todos foi narrado em 1936 pelo professor Bernard Reiss, do Hunter College, Nova York. Seu troféu era uma mulher de 26 anos. Em uma série de 74 rodadas em um desses baralhos de 25 cartas, Reiss alegou, ela conseguiu um resultado perfeito de 25 acertos, dois de 24, e uma média geral de 18,24. As chances de ela alcançar essa média por acaso, afirma o *Guinness*, são representadas por um dez seguido por setecentos zeros. O Professor Reiss, é claro, confirma a impressão de Rhine: "Não poderia ter acontecido por sorte, então..."

Então nada, afirmam outros tantos cientistas. O Dr. Warren Weaver, o homem da aleatoriedade, está entre aqueles que não ficam impressionados. Ele nos lembra das duas primeiras leis da probabilidade: qualquer coisa pode e, portanto, vai acontecer. Os altos índices de sucesso de Hubert Pearce e de outros, afirma o Dr. Weaver, podem ser considerados golpes incomuns de sorte aleatória. Weaver admite que as chances contrárias são enormes e que esses golpes parecem "estranhos", difíceis de acreditar em termos de aleatoriedade pura. No entanto, insiste que a interpretação da aleatoriedade não é mais difícil de acreditar do que a teoria de Rhine.

Rhine teve de escolher entre duas interpretações "estranhas", e arbitrariamente escolheu aquela que lhe parecia mais provável. Dr. Weaver acredita que Rhine fez a escolha errada. "Não posso aceitar essa interpretação."

***

Entretanto, seria conveniente se o Dr. Rhine estivesse certo. Se algum dia houver provas conclusivas de que existem fenômenos extrassensoriais, talvez possamos explicar melhor por que algumas pessoas são mais sortudas do que outras. Os homens e mulheres mais sortudos, nesse esquema conceitual, seriam aqueles com as mais fortes habilidades psíquicas. Se você conseguisse ler a mente de outras pessoas, mesmo de forma parcial e indistinta, isso melhoraria muito sua sorte no pôquer, nos negócios, no amor e na hora de comprar um carro usado. Se você pudesse antever o futuro, mesmo de forma imprecisa, isso certamente o faria ganhar em Las Vegas ou no mercado de ações. Em mil empreendimentos, desde encontrar emprego até comprar um bilhete premiado da loteria, isso o colocaria nos lugares certos, nas horas certas. Se você pudesse influenciar objetos físicos com poder mental direto, mesmo que desajeitadamente, isso também seria de valor inestimável. Seria possível controlar os resultados de jogos de dados ou a forma como as cartas são embaralhadas — talvez não o tempo todo e talvez de forma inexata, mas o suficiente para aumentar suas chances de ganhar. Por meio da força do pensamento, você poderia fazer seu bilhete da sorte ser sorteado na loteria. Poderia desviar o caminho de um carro que, de outro modo, o teria atropelado. Poderia...

Bem, essas noções são ótimas para nos fazer sonhar, mas seria melhor não as deixar obscurecer as fronteiras do ceticismo. Como muitos cientistas já apontaram, uma característica que se destaca em todas as pesquisas ligadas a esses fenômenos é justamente que existem tantos sonhos envolvidos. São poderes que todo ser humano adoraria ter. Esses desejos sem dúvida estão vivos e pulsantes não só entre os parapsicólogos.

Ainda assim, muitas evidências apontam para a possibilidade de que Rhine tenha escolhido a alternativa certa. Pessoas como ele e o Dr. Brier não são bobas. Se eles afirmam que algo existe, é melhor ouvir com atenção o que têm a dizer antes de tentar chegar a conclusões próprias. Vamos analisar o que as suas pesquisas mostram.

As pesquisas psíquicas também têm modismos. As três teorias básicas — sobre a existência da telepatia, da precognição e da telecinese — vêm e vão com relativa popularidade, em cada momento diferente, dependendo da década. Muitos pesquisadores defendem as três ideias, mas outros são a favor de apenas uma ou duas delas. Alguns, por exemplo, acham que a ideia da telepatia é mais fácil de acreditar do que as outras duas, pois parece mais fácil de imaginar como a telepatia poderia funcionar. É bem estranho imaginar que H.B. pode ler minha mente, mas é ainda mais estranho pensar que ela consegue prever o futuro. A telepatia não parece violar tanto as leis físicas que conhecemos. Minha mente está aqui; afinal, nada mais do que um aglomerado de matéria complexa que (para mim) existe. Sinto suas sinapses e seus sinais indo e vindo. Presumivelmente está gerando algum tipo de energia, e é concebível que algum excesso ou eco dessa energia possa chegar à mente de H.B. Assim, a noção de uma comunicação por meio de leitura da mente dominou a pesquisa psíquica em alguns períodos, e, na verdade, foi a noção com a qual Rhine e Pearce começaram seus jogos de cartas históricos.

Hoje em dia, no entanto, o ramo está dominado por estudos da precognição. Este tem sido moda desde o início dos anos 1960, mais ou menos. Videntes famosos, como Jeane Dixon, que alega ter previsto as grandes ondas de azar nacional, como os assassinatos dos irmãos Kennedy, conquistaram não apenas a imaginação do público, mas também da comunidade de pesquisas psíquicas. Para tornar este capítulo interessante, e também razoavelmente curto, vamos nos limitar a tratar sobretudo dos estudos da precognição. O que quer que seja dito sobre a precognição se aplicará de forma relativamente precisa às outras duas teorias psíquicas também.

Existem muitos grupos nos Estados Unidos e no exterior que estão estudando a precognição e outros fenômenos psíquicos atualmente. Por incrível que pareça, alguns dos mais proeminentes (e em muitos aspectos os mais estranhos) estão no país mais materialista do mundo: a União Soviética. Provavelmente, o mais famoso e respeitado estudo dessa natureza nos EUA é a Associação Americana para Pesquisas Psíquicas (ASPR). Suas publicações revelam a participação de muitos pensadores renomados atuais e passados, incluindo Sigmund Freud. A Associação está abrigada em um velho prédio de tijolinhos escuros, com aspecto sinistro, próximo ao Central Park, na cidade de Nova York. O diretor de pesquisas é o Dr. Karlis Osis, um homem alto e magro que nasceu na Látvia e fala inglês acadêmico com um sotaque carregadíssimo.

O Dr. Osis está interessado em todos os aspectos da pesquisa psíquica, mas particularmente na precognição. "Fico intrigado com quem ganha na loteria", ele me contou. "Já existem pesquisas recentes sobre o assunto, e parece que a precognição pode desempenhar um papel nesses casos. A pessoa está andando na rua, sequer pensando na loteria, e, então, tem um palpite repentino:

'Devo entrar nesta loja e comprar o bilhete', que acaba sendo vencedor. Isso parece bastante comum."

É comum e existem várias histórias estranhas a esse respeito. Robert Bronson, de 23 anos, teve certeza de que ganharia um prêmio especial na loteria de Natal, em Maryland, alguns anos atrás. Ele comprou alguns bilhetes, embora tivesse esposa e filho e mal conseguisse pagar as contas no final do mês. A esposa ficou irritada com ele quando viu os bilhetes, mas — como ele mesmo contou aos repórteres — ele estava calmo. Um bilhete tinha repetições do número 7, que ele considera ser seu número da sorte. Ele estava com uma certeza inexplicável de que esse bilhete seria vencedor. O bilhete começou lhe rendendo US$ 500 e o qualificando para entrar no sorteio final, que aconteceu em um auditório de Baltimore.

Um pouco antes do nome do vencedor ser anunciado, Bronson se levantou. Era como se ouvisse seu nome ser dito. As pessoas o encararam em silêncio. Em seguida, o nome do vencedor foi pronunciado, e era Bronson. O prêmio era de US$ 1 milhão.

Dr. Osis fica maravilhado com histórias como essas. Ele gosta mais ainda de histórias com múltiplos vencedores, homens e mulheres que tiram a sorte grande mais vezes do que parece justo. "Algumas pessoas têm um forte talento precognitivo", afirma Osis. "Quer o utilizem de forma consciente ou não, esse pode ser o motivo básico pelo qual todo mundo diz que elas têm boa sorte".

A conclusão é tentadora. Se você ganha uma vez, é apenas o tipo de sorte descrito por Weaver. Mas se ganha mais de uma vez, com muito mais frequência do que outras pessoas, certamente vai perguntar por que tem tanta sorte. Considere o caso de Randy Portner, por exemplo. Ele mora em Rome, Nova York. Tem 21 anos. Começou jogando na loteria quando tinha 18. Até hoje ele já ganhou 19 vezes.

Muitos dos prêmios são relativamente pequenos: US$ 25, US$ 100. Mas um deles foi de US$ 50 mil e os outros foram ainda melhores. Randy Portner hoje está rico para um homem tão jovem.

Ele talvez pudesse estar melhor de vida, mas a loteria do estado de Nova York foi suspensa durante um longo período, em função de investigações que estão sendo realizadas por suspeitas de fraude.

"Não sei explicar por que ganho com tanta frequência", comentou comigo. "Eu comprava os bilhetes com certa regularidade, mas não mais do que várias outras pessoas que conheço que nunca ganharam um tostão sequer. Comecei quando saí da escola e fui trabalhar em uma mercearia. Eles vendiam bilhetes da loteria, e eu os comprava todas as semanas em que sobravam uns trocados e me sentia com sorte. É engraçado, esse negócio de se sentir com sorte. Algumas semanas eu sentia que não seria bom jogar. Eu tinha certeza de que perderia, quase como se soubesse que não haveria bilhetes premiados na loja. Em outras semanas, eu sentia que o bilhete vencedor estava ali, em algum lugar, então escolhia alguns e comprava, e muitas vezes eu ganhava pelo menos alguns trocados. Era insano. Como eu disse, não consigo explicar. Outras pessoas que compravam os bilhetes sempre e perdiam me perguntavam: 'Por que nunca ganho?' O que eu podia responder a elas? Eu não sabia o motivo."

Randy Portner parece duvidar de seu talento precognitivo, se é que ele existe mesmo. O Dr. Osis, pensando sobre esse e outros casos semelhantes, tem menos dúvidas. "De que outra forma", pergunta ele, "seria possível explicar por que algumas pessoas não ganham nada — nunca, nunca —, enquanto outras ganham 12 vezes ou mais? Não acredito que seja apenas por sorte".

Dr. Osis também está interessado no papel da precognição em evitar acidentes. Muito material interessante foi escrito sobre esse assunto, assim como muita bobagem. Tudo parece ter começado com o naufrágio do *Titanic*, em 1912. Mais de 1.500 vidas foram ceifadas na ocasião. Durante meses após o acidente, jornais e revistas encheram suas páginas com histórias de pessoas que poderiam ter embarcado, mas que por algum motivo não foram. A manchete padrão era: "Um(a) (.......) me salvou." Preencha a lacuna com a sua opção entre as seguintes palavras: sonho, palpite, acaso feliz, vidente, visão na igreja, apelo de um filho, cachorro. Desde então, importantes desastres foram um sinal para os editores de periódicos de que uma nova leva de histórias semelhantes deveria ser cavada, se necessário, inventada. O problema com histórias desse tipo é que são contadas depois, e não antes, do desastre que supostamente teria sido previsto ou evitado, e poucas histórias desse tipo estão bem-documentadas.

Durante muitos anos, a Dra. Louisa Rhine, esposa do parapsicólogo, foi uma ávida colecionadora de relatos com previsão de desastres. Ela estava convencida de que pelo menos algumas pessoas, às vezes, têm a capacidade de perceber que a má sorte cruzará seu caminho e, assim, contorná-la. Em *Hidden Channels of the Mind*, ela conta a história de uma mãe que acordou certa noite por causa de um sonho estranho. A mãe vivia em uma casa antiga e frágil. No sonho, viu a casa ser abalada por uma violenta tempestade. O tremor fazia cair um lustre velho e pesado sobre o berço do bebê que dormia naquele quarto.

Não estava chovendo quando a mãe acordou desse sonho assustador. Na verdade, a noite estava clara e calma. No entanto, ela foi até o quarto do filho e mudou o berço de lugar.

Histórias como essas nunca são muito satisfatórias, porque o próprio início da narrativa indica qual será o fim. Mais tarde, naquela noite, nem precisa dizer, uma súbita tempestade se abateu sobre a cidade, sacudiu a velha casa, e o lustre caiu.

A Dra. Reno checou suas fontes com cuidado e se convenceu de que a história da mãe, embora sem documentação ou qualquer possibilidade de ser documentada, era verdadeira. Ainda assim, tais relatos sempre nos fazem pensar: será que não existem outras explicações possíveis e plausíveis? Será que a história realmente prova que ocorreu um sonho premonitório?

Talvez o lustre tenha caído da maneira descrita, e talvez a mãe, de fato, tenha mudado o berço de lugar a tempo de evitar um desfecho infeliz. Mas talvez ela o tenha feito por algum motivo que não um pesadelo. Mais tarde, quando viu o lustre pesado no chão e imaginou o que poderia ter acontecido, o horror da cena a deixou em um estado emocional em que ela não conseguia fazer a distinção entre passado e presente, fato e fantasia. O sonho talvez nem tenha ocorrido, exceto depois, enquanto ela estava acordada.

Talvez um dos problemas seja que a maioria de nós quer que esse tipo de história seja verdade. Queremos tanto que às vezes deixamos de pensar de forma crítica. Quero que a história dessa mãe seja verdade, pelo menos por duas razões. Em primeiro lugar, embora a história não seja perfeitamente satisfatória, ainda é um relato bem-organizado, com certo quê de macabro. Em segundo, leva-me a ter esperanças de que também posso ter talentos premonitórios desconhecidos e que posso, por vezes, usá-los inconscientemente. A história me permite especular que meu domínio sobre a boa sorte pode ser maior do que imagino.

O Dr. Osis, embora não tenha dificuldade para aceitar essas histórias como verdadeiras, reconhece que o problema da documentação é sério. É quase impossível de resolver. Dr. Osis sabe de um parapsicólogo que tentou resolvê-lo com o que parecia uma abordagem inteligente. Foi uma abordagem fria e estatística, que poderia ter produzido provas bastante confiáveis — se apenas tivesse funcionado.

O parapsicólogo raciocinou o seguinte: "Se, como supomos, há muitas pessoas com poderes psíquicos conscientes ou inconscientes, deve haver muitas que evitam entrar em aviões que vão cair. Será que isso pode ser demonstrado e quantificado? Possivelmente. Tudo o que preciso fazer é procurar as companhias aéreas e pedir para ver os registros de cancelamentos de assento e não comparecimento. Se um avião tem chance de cair, deve haver um número de passageiros que desistem de embarcar. Esse número deve ser maior, em média, do que no caso de um avião comparável que não tem chances de cair."

Brilhante! Infelizmente, essa pesquisa nunca foi conduzida.

As companhias aéreas que ele procurou acharam que o estudo seria ruim para sua imagem pública.

***

Margaret Mudrie, dona de casa, tem 51 anos, é simpática e muito falante. Ela vem de Surrey, British Columbia, e fala com um sotaque claro, mas (para ouvidos americanos) acentuado, vagamente estrangeiro, com ritmos do oeste canadense. Ela se considera sortuda no geral, mas sente que sua sorte é periódica e não permanente. "Ela vem e vai", diz. "De vez em quando, tenho uma espécie de visão. Não consigo descrevê-la, mas — bem, é uma espécie de sentimento rápido que me diz para fazer alguma coisa ou ir a algum lugar. Como um impulso repentino. Isso não acontece frequentemente, mas, quando surge, sei o que fazer. Tem sido assim comigo há muito tempo: vai e vem. Essas visões me ajudaram a ser principalmente sortuda. Temos uma vida boa, minha família e eu."

O marido é escavador — "ele cava buracos, grandes, pequenos, do tamanho que você quiser" —, e eles têm sete filhos, dos quais quatro são casados. Os mais novos ainda moram com ela, mas são autossuficientess, e Margaret Mudrie e o marido ocasionalmente tiram uma semana de férias. No inverno, viajam para Nevada, em parte por causa do clima mais ameno e, em parte, por causa das apostas. "Adoro jogar nas máquinas caça-níqueis", diz ela. "Disseram que as chances são ruins, mas gosto de jogar mesmo assim. Para mim é lazer".

Ela está certa. As probabilidades são ruins. Na verdade, as chances contra o jogador são maiores nas maquininhas comuns do que em qualquer outro lugar no jardim das arriscadas delícias de Nevada. Nenhum devoto da aleatoriedade que tenha estudado a engenharia da probabilidade dessas máquinas barulhentas e deselegantes chegaria sequer perto deles. Margaret Mudrie, no entanto, não é devota da aleatoriedade.

Em 22 de janeiro de 1976, o segundo dia de suas férias de inverno, ela e o marido foram para Reno e entraram no Harolds Club, amplamente conhecido por sua insistência em abolir o apóstrofo. Fileiras e fileiras de máquinas caça-níqueis estavam diante deles. "Não eram muitas em uso, por isso eu poderia ter escolhido qualquer uma. Mas entrei e fui direto para uma que parecia me chamar. Foi estranho. Não hesitei. Eu sabia que era a máquina onde eu deveria jogar."

Era uma máquina que aceitava dólares de prata. Margaret Mudrie colocou nove dessas moedas e se lembra de ficar um pouco perplexa quando a máquina as engoliu sem sequer dizer obrigado. Mas com seu décimo dólar tirou a sorte grande e fez história.

A máquina era de um tipo chamado de "progressiva de duas bobinas". Dentro dessa maravilhosa invenção estão duas bobinas ou contadores que se movem independente umas das outras. Cada bobina apresenta um número que indica o tamanho de um prêmio potencial. Toda vez que alguém coloca uma moeda na máquina e puxa a alavanca de operação, uma bobina ou a outra iniciam a contagem, que vai sempre aumentando. Quando você acerta um prêmio principal, por acaso acerta uma bobina e ganha o montante que ela registrar naquele momento. Essa bobina em seguida retorna à sua configuração original, normalmente cinco mil em máquinas de dólares, enquanto a outra continua sua contagem, como se nada tivesse acontecido. Em uma máquina desse tipo, é possível acertar uma bobina várias vezes ao longo dos anos antes de acertar a outra. Obviamente, a esperança de ouro do jogador é acertar uma bobina que vem aumentando sua contagem ininterruptamente por um longo, longo tempo.

Foi isso que aconteceu com Margaret Mudrie. Ninguém havia tocado naquela bobina há anos. Seu prêmio foi o maior já pago por uma máquina caça-níqueis em toda a longa história do Harolds Club. Ela foi para casa, no Canadá, com US$ 113.232.

Capítulo 3

A teoria da sincronicidade

Já observamos que as coincidências provam tudo e não provam nada. Talvez seja interessante, no entanto, considerar mais duas delas neste momento. Após analisar essas coincidências, vamos abordá-las à luz de uma terceira teoria de base científica sobre o funcionamento da sorte.

Esta terceira teoria tem recebido vários rótulos de diversos de seus proponentes. Alguns a chamam de "sincronicidade", alguns de "serialidade" e outros de "efeito do agrupamento". Para evitar confusão, vamos escolher um deles: sincronicidade.

A sincronicidade conquistou menos respeito da comunidade científica (para ser gentil) do que a teoria da aleatoriedade ou as teorias psíquicas. Na verdade, a maior parte dos adeptos da aleatoriedade diria que a teoria da sincronicidade não pertence a essa tríade de tentativas "científicas" de explicar a sorte. Eles insistiriam que ela deveria mudar de rótulo para a categoria de tentativas "ocultas" ou "místicas".

Para eles, isso seria sinônimo de rebaixamento. Para quem acredita no místico ou oculto, por incrível que pareça, seria uma promoção. Para mim, provavelmente, não seria nenhum dos dois. Seria apenas uma mudança de categoria, que não é acompanhada nem por nenhum chapéu de bobo da corte nem por uma medalha. Optei por incluir sincronicidade na tríade "científica" porque, apesar de suas ocasionais conotações místicas, ela tem um jeitão pragmático ocidental e ligado ao mundo das ciências.

Seus discípulos explicam-na, ou fazem o melhor para explicá-la, mais em termos de física e matemática e outras ciências respeitadas do que em termos de mística.

Então vejamos se conseguimos entendê-la.

***

A primeira história de coincidência me foi contada por Clarence Kelley, diretor do FBI. É uma história estranha. É conhecida de muitos funcionários que trabalham na sede do FBI, em Washington, particularmente aqueles que trabalham na seção de identificação, onde cerca de 160 milhões de impressões digitais estão no arquivo. Eles contam a história para os visitantes que perguntam por que o FBI dedica tanto tempo e esforço a essas pequenas assinaturas dos dedos e polegares.

Eu tinha feito essa pergunta a Kelley numa conversa em que divagávamos sobre o FBI e suas esperanças e medos.

Kelley é um homem grande e genial, em seus sessenta e poucos anos, com um rosto quadrado e simpático. Quando perguntei sobre as impressões digitais, ele abriu o sorriso de um homem que ama uma boa história, recostou-se na cadeira, acendeu um cigarro e disse: "Você já ouviu falar de Will West?"

"Não."

Kelley obviamente ficou feliz porque eu nunca tinha ouvido falar de Will West, e começou a contar a história. A investigação criminal começou a se tornar uma ciência, disse ele, no início do século XIX. Um problema que a polícia e os cientistas forenses enfrentaram durante todo o século XIX foi o da identificação positiva. Se você está investigando um crime e encontra uma testemunha que afirma que certo João da Silva estava no local do crime em determinada hora, como você pode saber com certeza se a testemunha está certa? Se um policial aparecer e disser: "OK, conheço esse João, ele é bandido, eu mesmo já o prendi antes", e se o João jurar de pé junto que nunca entrou em uma delegacia de polícia, como fazer para saber a verdade?

O que os criminologistas do século XIX queriam era um método de identificação à prova de coincidência. Não é suficiente dizer: "Eu o reconheço", pois muitos rostos são parecidos. Não é incomum na experiência policial estar diante de dois homens ou mulheres que não só se parecem fisicamente e se vestem de forma parecida, mas cujas vozes soam iguais, ou que têm as mesmas iniciais e tantos outros pontos em comum por pura coincidência que até a mais esperta das testemunhas poderia se confundir. E, assim, os criminologistas se perguntaram: existe alguma característica ou conjunto de características que seja única para cada ser humano? Algo tão improvável de ser reproduzido que o elemento de coincidência possa ser descartado?

Um antropólogo francês, Alphonse Bertillon, ofereceu uma resposta por volta de 1870. O Sistema de Bertillon, como veio a ser chamado, dependia da medição das dimensões do crânio e de outras partes ósseas do corpo. Milhares de medidas do próprio Bertillon, e centenas de milhares de outras feitas por agências policiais nas últimas três décadas daquele século, pareciam indicar que esses eram o grupo de traços únicos havia muito procurado. Não há duas medidas de Bertillon iguais, nem aquelas de irmãos gêmeos feitas com alto grau de precisão. Além disso, Bertillon demonstrou que as medições de determinado homem ou mulher poderiam ser reduzidas para uma fórmula que permaneceria inalterada assim que atingissem o tamanho adulto.

Will West entrou na história em 1903. Sua aventura marcou a morte do Sistema de Bertillon e conduziu a uma aceitação generalizada da identificação moderna realizada por impressões digitais.

West, condenado por um crime, foi enviado para a penitenciária federal em Leavenworth, no estado norte-americano do Kansas. Quando perguntaram se ele já fora fichado antes, ele afirmou que não. Ele sabia que quem era pego duas vezes era menos bem-tratado e tinha menos chances de ganhar liberdade condicional antecipada de que réus primários, e sustentou a versão de que havia sido um cidadão cumpridor da lei durante toda a sua vida até aquela data. No entanto, o oficial de registros que o admitiu na penitenciária achou que West parecia familiar. Assim, tirou do bolso suas pinças e tomou as medidas do crânio de West, seguindo o Sistema de Bertillon. O policial foi para um arquivo que era indexado de acordo com o Sistema de Bertillon e procurou um conjunto de medidas que correspondessem às de West. Ele encontrou um, triunfante. Puxou o cartão de arquivo apropriado. O nome no cartão era William West.

"Nunca foi fichado antes, hein?", perguntou o oficial. "Esta ficha me diz que você é um mentiroso. Você não só cumpriu pena, mas a cumpriu bem aqui em Leavenworth".

"Nunca estive aqui na vida!", West protestou.

"Se eu acreditar nisso", disse o oficial, "eu teria de acreditar que existem dois sujeitos que não só têm as medidas de Bertillon iguais, mas também o mesmo nome. Isso não poderia acontecer em um bilhão de anos".

"Pois aconteceu!", West gritou.

De fato, tinha acontecido. Quando deram ouvidos aos protestos de West e fizeram uma pesquisa mais detalhada, descobriram um conjunto de coincidências tão surpreendente que era difícil de acreditar. O segundo West tinha estado em Leavenworth por um longo tempo e ainda estava lá, meio esquecido, cumprindo uma pena de prisão perpétua por assassinato. Quando os dois Wests foram reunidos, sua semelhança facial e corporal revelou-se surpreendentemente próxima — quase como se fossem irmãos gêmeos. Se você olhar as fotos de seus rostos, hoje, tanto de perfil quanto de frente, não conseguiria distingui-los.

Alguém em Leavenworth estava promovendo o novo conceito de reconhecimento por impressão digital naquela época e viu esse caso curioso como uma oportunidade de ouro. Ele tirou as impressões dos dois homens. Os dois conjuntos de impressões não tinham semelhança alguma entre si.

Assim, a identificação por impressão digital se tornou o método preferido de identificação criminal. Até agora, provou ser o método mais à prova de coincidência de todos. Observe que usei a expressão "até agora". Na verdade, não há comprovação de que seja à prova de coincidência. Não há razão teórica para ser. No ano que vem ou daqui a cem anos, duas pessoas podem acabar tendo impressões digitais idênticas. (Na verdade, as duas primeiras leis da probabilidade poderiam prever que isso vai acabar acontecendo um dia.) Mas, pelo que o FBI sabe, nenhum caso desses ainda foi registrado em parte alguma do mundo.

***

Para ouvir outra história estranha, vamos voltar aos tradicionais cassinos e ao nosso velho enigma, o tipo especial de coincidência chamado golpe de sorte. Vamos voltar ainda mais na história, antes do caso de Will West. Esta é a história do Homem que quebrou a banca em Monte Carlo.

Havia uma canção popular com esse nome no Gay Nineties, e ainda podia ser ouvida de vez em quando nas décadas de 1920 e 1930. Naquela época, a maioria dos ouvintes supunha que se tratava apenas de uma canção, provavelmente de alguma antiga revista musical ou peça *vaudeville*. Na verdade, no entanto, a canção tinha mais a ver com uma reportagem musical do que com ficção. Realmente existiu um sujeito que quebrou a banca em Monte Carlo, e não foi só uma vez, mas três.

Devo começar a história contando que esse negócio de "quebrar a banca" era um tanto menos dramático em termos financeiros do que parece. Era em grande medida uma jogada de publicidade, criada por um gerente de cassino que queria atrair novos jogadores para suas mesas de jogos. "Quebrar a banca" significava ganhar todo o dinheiro da casa alocado a qualquer mesa específica — um montante que, no momento em que se desenrolou nossa história, era em geral cerca de 100 mil francos franceses. Quando um jogador quebrava a banca, essa mesa ficava fechada pelo restante da noite e envolta em um pano preto. No dia seguinte, estaria aberta para novos jogos. O astuto gerente percebeu corretamente que os jogadores viriam em peso para aquela mesa, imaginando que ela fora o foco de um golpe de azar para a casa.

Charles Wells, um inglês baixinho, gordo e um tanto enigmático, com um passado obscuro como inventor autônomo e especulador, apareceu no cassino de Monte Carlo, em 1891, com algumas centenas de francos no bolso. Foi direto para a roleta e começou a apostar no vermelho e no preto (*rouge et noir*), uma das modalidades *even money*. Ele apostava no preto algumas vezes, depois passava para o vermelho, em seguida deixava de apostar por umas rodadas, para voltar depois. Ele era pé quente. Ganhava quase todas as apostas que fazia. Enquanto o crupiê observava primeiramente com interesse e depois com admiração, ele ganhava uma rodada atrás da outra.

Ele não tinha um "sistema" aparente. Ao contrário de muitos outros jogadores de roleta, ele não tinha um caderninho preto cheio de números anotados. Não parecia ter fórmula mágica para guiar suas jogadas. Estava certo o tempo todo. Era quase como se soubesse quando sairia o preto e o vermelho, e quando era hora de parar. Outros jogadores se aglomeravam à sua volta, fervorosamente fazendo anotações em seus caderninhos, tentando descobrir qual era o sistema secreto. No entanto, nenhuma tentativa para elucidá-lo ou para ganhar fazendo as mesmas apostas, na mesma ordem, lograram êxito.

O cassino de Monte Carlo, assim como todos os cassinos do mundo, impunha limites quanto ao montante de apostas que seriam aceitas. Ao duplicar o valor com cada vitória e ao deixar o dinheiro no jogo, Wells rapidamente alcançou o limite da casa. Isso diminuiu seu ritmo de ganhos, mas não o suficiente. Antes do fim da noite, ele havia quebrado a banca.

Duas noites depois, ele retornou e foi direto para a mesma mesa. Dessa vez, esnobou os jogos que pagavam o valor da aposta. Em vez disso, apostou em grupos de números. Nesse tipo de jogo, em que dúzias são possíveis e permitidas, as chances contra o jogador em qualquer rodada são maiores do que no preto-vermelho, par-ímpar ou números altos-baixos. No entanto, se ele ganhar, sua recompensa será, proporcionalmente maior. Para espanto geral dos frequentadores, Wells quebrou a banca pela segunda vez.

Alguns meses mais tarde, o misterioso Wells reapareceu. Dessa vez, arriscou mais alto: apostou em números únicos.

A velha roleta de Monte Carlo continha os números de 1 a 36 mais um "número da casa": 0. (A roleta norte-americana moderna tem dois números da casa, 0 e 00.) Assim, se você apostasse em um único número em Monte Carlo, sua chance de ganhar em cada rodada era de uma em 37. Se ganhasse, receberia o valor da sua aposta mais 35 vezes esse montante. Era um jogo de alto risco e alta recompensa, para pessoas que têm nervos de aço ou que têm dinheiro sobrando para perder, ou estão bêbadas.

Wells apostou 5 e deixou ali. O número 5 apareceu cinco vezes seguidas.

Ele quebrou a banca outra vez. O misterioso Wells embolsou 98 mil francos e sumiu. Nunca mais apareceu em Monte Carlo. É triste e um anticlímax informar que ele torrou o dinheiro todo em empreendimentos especulativos dúbios, meteu-se em encrencas com a justiça e morreu pobre na prisão. Mas, pelo menos, em meio às misérias que o afligiram mais tarde na vida, teve um momento inesquecível de glória em que a sorte lhe sorriu.

***

Existem muitas maneiras de explicar essas duas histórias interessantes — ou, colocado de modo menos generoso e talvez mais preciso, de tentar encontrar uma explicação para elas. A teoria da aleatoriedade diria que essas histórias aconteceram e estavam destinadas a acontecer com alguém algum dia, mais cedo ou mais tarde, e que são, portanto, menos interessantes do que poderia parecer à primeira vista. Teorias ocultas falariam de estrelas-guia, números da sorte. As teorias psíquicas não teriam qualquer comentário a fazer sobre a história de Will West, mas explicariam a aventura de Monte Carlo como precognição ou psicocinese. Esta última teoria é defendida, embora com um rasgo de dúvida, pelo Dr. Bob Brier. Ele salienta que o fenômeno de determinado número ser sorteado na roleta cinco vezes seguidas é altamente incomum. Pode acontecer por acaso, mas Brier considera mais fácil acreditar que Charlie Wells o causou. Brier postula que o estado "sortudo" de Wells em todos os casos em que ele quebrou a banca era, na verdade, um estado de energia psíquica acentuada, embora de natureza temporária.

A teoria da sincronicidade oferece uma explicação inteiramente diferente — sustenta que as aventuras como as de Will West e Charles Wells são causadas por uma propriedade misteriosa, pouco compreendida, mas perfeitamente natural do universo físico. Essa propriedade é uma força que, de algum modo, une os iguais. Faz com que coisas semelhantes ou relacionadas se reúnam no espaço ou no tempo, ou em ambos. Sincroniza eventos, cria padrões ordenados. Causa coincidências.

Em outras palavras, afirma a teoria, existe um erro nas leis da aleatoriedade ordinária, da forma como são compreendidas no momento. Se duas pessoas se parecem e têm o mesmo nome, como Will e William West, elas tendem a se atrair com mais frequência do que o tipo de probabilidade de Martin Gardner poderia prever. E, no que tange a golpes de sorte como o de Charles Wells, a teoria da sincronicidade sustenta que eles são mais confiáveis e, de certo modo, mais previsíveis do que os defensores da teoria da aleatoriedade poderiam supor.

A teoria da aleatoriedade afirma, é claro, que os eventos que ocorreram por acaso no passado não têm efeito algum sobre eventos da mesma natureza no futuro. Essa visão é contrária à noção do Major Riddle de que, quando um período de boa sorte começa, você deve apostar pesado, porque a sorte tende a continuar. A teoria defende que não existe motivo lógico pelo qual deveria ser assim. A teoria da sincronicidade, em contraste, confere algum mérito à ideia do Major Riddle. Quando vivemos um período de boa sorte, os defensores da teoria da sincronicidade diriam que eventos de certo tipo tendem a se agrupar. Existe um impulso cósmico em direção à criação de padrões ordenados, e esse impulso (afirma a teoria) foi pelo menos em parte responsável pela aventura de quebrar a banca de Wells, inclusive sua onda de sorte cinco vezes seguidas.

A ideia da sincronicidade é a mais frustrante de todas as teorias da sorte, porque é muito difícil de entender como ou de que forma a suposta força de atração operaria. Muitos defensores dessa teoria sequer tentam explicar. Eles renegam. "Observamos que essas coisas acontecem", dizem, "mas a natureza da força está além da compreensão humana nesse estágio de desenvolvimento científico". Existe muita coisa sobre o universo que não compreendemos, afirmam seus adeptos. Existem buracos negros nos quais o espaço é virado do avesso e partículas subatômicas que parecem retroceder no tempo, e muitos outros fenômenos assustadoramente estranhos às nossas experiências diárias. A força de agrupamento ou sincronização é outro desses fenômenos que talvez seja elucidado um dia, mas que até lá permanecerá misterioso — não explicado, apenas observado e reconhecido.

Um dos primeiros a sugerir a teoria — e depois se esquivar de tentar explicá-la — foi um matemático francês do final do século XVII e início do século XVIII: Pierre-Rémond de Montmort. Montmort é menos conhecido hoje do que alguns de seus compatriotas e colegas matemáticos, homens como Pierre de Fermat e Blaise Pascal, e é muito mais obscuro que seu contemporâneo e amigo pessoal, Isaac Newton. Montmort partiu dos cálculos de probabilidade que Fermat e Pascal haviam deixado e deu um passo além. Infelizmente, ele faleceu aos 41 anos, e, por causa da mesma falta de sorte, muitos de seus trabalhos e anotações se perderam na poeira e no tumulto da Revolução Francesa.

Uma matemática moderna que tentou abrilhantar a fraca reputação de Montmort é a Dra. Florence David, professora da Universidade de Londres. Em um estudo histórico brilhante sobre as teorias da probabilidade, *Games, Gods and Gambling*, ela dedica um bom espaço às ideias e à estranha e curta vida desse estudioso. Estranhamente, ela parece não ficar muito impressionada com a série de elementos essenciais para moldar essas ideias: os conflitos e relações entre a matemática prática e o misticismo religioso. Montmort era um homem genuinamente piedoso que atuou durante algum tempo como cânone em Notre Dame, e continuou a ver o que ele achava serem influências celestes em sua adorada matemática. Ele ficava intrigado e maravilhado pelas coincidências e por períodos anormalmente longos de sorte — situações em que os eventos não aconteciam de forma tão aleatória quanto esperado e, portanto, estavam além de qualquer explicação dos matemáticos da probabilidade comum. Ele finalmente desistiu e escreveu:

"Para falar claramente, nada depende do acaso. Quando alguém estuda a natureza, logo se convence de que seu Criador age de maneira ágil, uniforme e que transmite infinita sabedoria e presciência. Assim, a fim de atribuir à palavra 'acaso' um significado que esteja de acordo com a verdadeira filosofia, devemos pensar que tudo no mundo é regulado conforme determinadas leis. As que nós acreditamos serem dependentes do acaso são aquelas para as quais a causa natural está oculta. Somente depois de uma definição assim podemos afirmar que a vida de um homem é um jogo em que reina o acaso."

Na época de sua morte, não tão precoce, Montmort estava apenas começando a suspeitar de que poderia haver falhas sutis nas leis da probabilidade da forma trabalhada pelos matemáticos. As leis funcionam bem no papel, mas não tão bem assim quando aplicadas às vidas diárias de homens e mulheres. As leis parecem lógicas, mas nesse fato pode residir o mais profundo erro de todos, pois nosso conceito de "lógica" pode, por si só, conter falhas básicas. A "lógica" é um construto humano — um conjunto de leis que parece funcionar relativamente bem para todos os propósitos da vida na terra, mas que pode ter pouca relação com a maneira como o restante do universo funciona. Como o matemático Kurt Goedel destacou, talvez a gente nunca descubra quais são essas falhas lógicas. Se nosso sistema básico de lógica estiver errado, parece pouco provável que um dia possamos identificar os erros aplicando mais dessa mesma lógica equivocada. Assim, podemos ficar presos por toda a eternidade em formas erradas de ver e pensar, incluindo formas equivocadas de pensar a sorte.

Um biólogo australiano, Paul Kammerer, o primeiro a dar um nome para essa noção de um tipo diferente de probabilidade. Ele a chamou de "serialidade". Kammerer, que publicou boa parte das suas ideias sobre o tema no primeiro quarto do século XX, não estava apenas interessado em coincidências, mas estava obcecado por elas. Ele mantinha um diário no qual registrava os casos de serialidade que aconteceram com ele entre seus 20 e 40 anos. Por exemplo, um dia de manhã ele ficou curioso sobre certa espécie um tanto rara de borboleta e a procurou em um livro didático. Naquela mesma tarde, passou por uma livraria, e um livro se destacava na vitrine, com uma foto da mesma borboleta na capa. Naquela mesma noite, Kammerer viu a borboleta de novo, dessa vez pessoalmente, no campo.

Para Kammerer, essas coincidências eram significativas. Elas apontavam para alguma força desconhecida que, na sua opinião, juntava elementos semelhantes, fazia as coisas acontecerem ao mesmo tempo, em vez de aleatoriamente. Não havia muitos outros cientistas dispostos a conceder a Kammerer a atenção que ele merecia. A maioria o dispensava considerando-o excêntrico, e alguns até suspeitavam que seu diário de coincidências seriais era uma obra de ficção, pelo menos em parte. Não há provas de que esse fosse o caso, mas o fato de ele ter se suicidado com um tiro, em 1926, aparentemente desesperado por causa de um escândalo envolvendo alegações de forjar provas científicas, não ajuda muito.

Carl Jung, o psicólogo-filósofo-místico suíço, cunhou o termo "sincronicidade". As ideias de Jung sobre o tema são muito parecidas com as de Kammerer. Ele é conhecido hoje em dia quase que inteiramente por suas contribuições para a psicoterapia, mas o fato é que considerava sua teoria da sincronicidade uma parte importante da obra que realizou durante a vida. Ele também colecionava coincidências. Uma das suas favoritas — contam que ele perturbava os amigos contando e recontando a mesma história — era sobre um escaravelho. Uma paciente, um dia durante a consulta, contava a ele sobre um sonho que tivera cujo resíduo emocional a incomodava. O sonho era sobre um escaravelho ornamental, uma joia fabricada ao estilo de um colorido besouro africano que os egípcios antigos consideravam sagrado. Naquela mesma hora, Jung ouviu um barulho na janela. Olhou, e lá estava um enorme besouro escarabeídeo, o mais próximo equivalente europeu do escaravelho egípcio.

"Aha!", exclamou Jung. Sincronicidade! Existe um princípio de "ordenação" desconhecido em operação nos assuntos humanos, postulou. É "acausal", ou seja, opera por algum mecanismo que não depende de causa e efeito da forma como os compreendemos. A narrativa do sonho de sua paciente não fez com que o besouro aparecesse na janela de Jung. Nem as andanças aleatórias do besouro fizeram com que a mulher pensasse sobre seu sonho (ou fizeram com que ela sonhasse com ele na noite anterior). Os dois eventos foram reunidos por uma força que transcende a causalidade.

Jung pensou muito sobre essa questão e, por fim, chegou a uma teoria que explica o que este "princípio acausal" pode ser. Ele procurou o físico Wolfgang Pauli para ajudá-lo a escrever um livro a respeito do tema. Pauli estava preparado para admitir que existem princípios de ordenação no universo além daqueles que podemos identificar e, como todos os físicos daquela época, e desde então, ele prontamente reconheceu que alguns desses princípios podem parecer absurdamente improváveis em termos da "lógica" humana comum. Mas ele parece não ter concordado com as ideias de Jung sobre a natureza da sincronização ou do princípio de criação de coincidências. Essas ideias são uma mistura peculiar de psicologia, física de ficção científica e misticismo incomum. A maioria das pessoas, inclusive eu, que tentou compreender exatamente o que Jung pretendia, não conseguiu.

O homem que provavelmente tentou com mais afinco foi Arthur Koestler. Koestler é um sujeito interessante. Nasceu em Budapeste, em 1905, e o primeiro terço da sua vida foi marcado por apostas loucas. Trabalhou como jornalista político, viajou por toda a Europa, entrou e depois saiu do Partido Comunista, acabou em um campo de prisioneiros francês na Segunda Guerra Mundial, foi solto, lutou com o Exército Britânico. Em seguida, tornou-se escritor, publicou *Darkness at Noon* e outros livros com boa aceitação da crítica em sua língua adotiva, o inglês. A fase de escritor terminou, e, desde 1970, ele concentra sua brilhante imaginação em pesquisas psíquicas e à teoria da sincronicidade.

Koestler tornou-se talvez o principal discípulo moderno da sincronicidade — e, sem dúvida, seu principal agente publicitário. Em *The Roots of Coincidence* e, mais tarde, em *The Challenge of Chance* (escrito com dois cientistas britânicos, Sir Alister Hardy e Robert Harvie), explica por que a ideia da sincronicidade o atrai e atraiu tantas outras pessoas, inclusive Jung. Nisso, ele é bem-sucedido. Torna a ideia altamente tentadora para qualquer pessoa que tente explicar períodos de sorte e outros fenômenos intrigantes envolvendo a sorte. Mas, em seu outro grande esforço, não teve o mesmo êxito: provar que a sincronicidade pertence à categoria de "ciência". Ele fala muito sobre teoria quântica e física atômica. Na sua máquina de escrever, esses temas são uma boa diversão, mas sua conexão com a sincronicidade é vaga, na melhor das hipóteses. Koestler parece ter esperança de que a respeitabilidade da física quântica impregne a sincronicidade se ele falar sobre os dois temas na mesma página.

Ainda assim, o caso de Koestler tem seu interesse. Ele se pergunta: se a sorte é aleatória, por que estamos sempre esbarrando nessa "emergência espontânea da ordem advinda da desordem"? Ele fala sobre um "anjo de biblioteca" que traz boa sorte aos seus projetos de pesquisa. Em geral, afirma Koestler, entra em uma biblioteca em busca de alguma obscura referência, esperando passar horas ou dias pesquisando. Ao percorrer as prateleiras, pega um livro ao acaso. O livro contém a referência que ele procura. Como acontece isso? Algo está sincronizando os eventos em sua vida. Sua necessidade pela referência e o fato de ele ter pegado o livro aleatoriamente da prateleira estão de algum modo convergindo, foram reunidos por alguma força que "transcende a causalidade mecânica".

Koestler se pergunta: afinal, o que é a aleatoriedade? Alguns tipos de eventos parecem acontecer de forma mais aleatória em alguns momentos do que em outros. Ele conta uma experiência estranha e charmosa envolvendo a "sorte" e pintinhos. Os cientistas britânicos improvisaram uma luz infravermelha de modo que ela ligasse e desligasse automaticamente, de forma descontrolada e aleatória. Segundo a lei da probabilidade, um dispositivo como esses deveria se comportar como moeda arremessada. Períodos com um ou outro resultado podem ser esperados, mas em longo prazo o número total de minutos em que a luz estaria "ligada" ou "desligada" seria praticamente igual. A luz infravermelha, de fato, suportou — quando estava sobre a mesa isolada. No entanto, quando os cientistas colocaram pintinhos em um compartimento logo abaixo de onde estava a luz, seu comportamento mudou.

Os pintinhos piavam tristemente quando a luz estava desligada. Sentiam muito frio. Queriam que a luz fosse ligada. A única coisa com a qual contavam para esquentá-los era a sorte, e a sorte veio para ajudá-los. Sempre que estavam por perto, o dispositivo permanecia ligado por períodos mais longos. Os pintinhos, em outras palavras, aparentemente tiveram um período de boa sorte infalível. Os cientistas concluíram que algo além da aleatoriedade comum estava em operação. O que era? Os adeptos das teorias psíquicas sugeririam telecinese: os cientistas queriam que a luz infravermelha ficasse ligada porque eram sujeitos de bom coração e também porque queriam que seu experimento produzisse resultados interessantes. Koestler e seus colegas cientistas preferem pensar que alguma força ordenadora sincronizou os eventos a favor dos pintinhos.

As coisas não são tão aleatórias quanto parecem, afirmam os adeptos da sincronicidade. Existem padrões subjacentes, forças ocultas silenciosamente em ação para gerar ordem do caos. Se quisermos entender a sorte, precisamos compreender como funcionam os padrões...

Linda W., garçonete, hoje tem 46 anos e é esbelta. Tem um rosto bonito, mas com um aspecto cansado que se reflete também em sua forma de caminhar e se sentar. Eu a entrevistei em uma sala clara e iluminada pelo sol da manhã, proporcionada por um grupo dos Alcoólicos Anônimos de Nova York. Tomamos café em xícaras de plástico.

"Você quer saber sobre padrões?", perguntou ela. "Então, encontrou a pessoa certa. Tem esse fato recorrente em minha vida. Vem me assombrando desde criança, e acho que continuará assim até eu morrer. É o álcool. Este é meu demônio particular: o álcool. Sempre que eu achava que a vida me daria uma folga, quando achava que as coisas estavam se acertando, algo ruim acontecia e estragava tudo. E as coisas ruins estavam sempre ligadas ao álcool em algum momento. Não consigo escapar dele."

Linda nasceu em Cleveland. Seu pai, um executivo, era alcoólatra e teve certo sucesso profissional até o início da sua meia-idade.

Linda planejava entrar na faculdade e estudar administração de empresas. "Mas quando eu estava no primeiro ano do ensino médio, o álcool destruiu meu pai. Ele começou a aparecer nas conferências de negócios completamente bêbado, e, enfim, a empresa perdeu a paciência e o despediu. Ele nunca mais conseguiu um emprego. Largou a família pouco tempo depois e nunca mais ouvimos falar dele, até o dia em que apareceu morto em um pulgueiro na Califórnia."

Não havia mais dinheiro para pagar meus estudos na faculdade. Linda fez cursos de datilografia e estenografia no último ano do ensino médio, formou-se e passou por vários empregos como secretária. "Eu não gostava do trabalho. Era chato e o salário era baixo. Finalmente, consegui um emprego legal, de secretária do diretor de uma pequena agência de publicidade em Chicago. O salário era bom, mas o que eu mais gostava era que eles prometiam que eu teria chance de subir na empresa. Quando eu aprendesse o básico, eles me passariam tarefas mais interessantes."

Ela estava trabalhando até mais tarde um dia quando seu chefe, que voltava de um *happy hour* em um *pub* local, subiu até o escritório e, bêbado, insinuou-se para ela. Ela o repudiou com um tapa na cara. "Na manhã seguinte, quando cheguei para trabalhar, percebi que estava tudo acabado. Ele estava furioso, envergonhado, provavelmente com medo de que eu contasse para a esposa dele — sabe como é, uma situação sem saída. Perguntei: 'O que vai acontecer?' Ele respondeu que achava que não poderíamos trabalhar mais juntos e que era melhor eu ir embora. O que mais eu poderia fazer? Saí."

Ela encontrou outro emprego como secretária e lá conheceu um vendedor chamado Ralph; eles se apaixonaram e se casaram. "Eu já estava bebendo um pouco naquela época — não era sempre, mas de vez em quando ficava bêbada, como nas festas de fim de semana. Eu não sabia disso na época, mas esse é o primeiro sinal de alcoolismo. Eu gostava de ficar alegrinha, gostava demais.

Algumas pessoas param nesse estágio, caso tenham uma vida feliz e boas pessoas à sua volta, e quando Ralph entrou na minha vida, parei por aí. Nosso casamento foi maravilhoso. Ele arrumou um emprego de vendedor em uma empresa maior algumas semanas depois do casamento e, logo, estava sendo promovido e melhorando de vida. Nós nos mudamos para Nova York e, em seguida, compramos uma casa no mesmo mês em que descobri que estava grávida. Era uma menina, e a chamamos de Elizabeth, ou Beth. Essa foi a época mais feliz da minha vida."

Ralph foi morto quando voltava para casa depois de uma viagem de vendas. Um carro na contramão bateu em cheio contra o dele. O outro motorista estava bêbado.

Linda mudou-se para um pequeno apartamento e arrumou emprego como garçonete em um bar. "Eu tinha de tomar conta de Beth e precisava desse tipo de trabalho noturno, porque a única babá que eu podia pagar era uma menina em idade escolar. As gorjetas eram boas. Eu ganhava o suficiente para nos manter. Mas, nessa época, eu já estava bebendo bastante. Eu vomitava na maioria das vezes e, em várias noites, chegava muito atrasada ou nem aparecia no bar. Fui despedida, encontrei outro emprego, fui despedida desse outro também. Finalmente, participei de algumas reuniões do AA, larguei e fiquei bêbada, voltei para as reuniões e... bem, você sabe, a história padrão de todo alcoólatra. Cheguei ao fundo do poço. Passei a noite bebendo e acordei no dia seguinte em um quarto de hotel estranho com um homem que eu nunca tinha visto antes. Fiquei apavorada, voltei para o AA e estou sóbria desde então."

Durante vários anos, ela trabalhou como garçonete de uma lanchonete, depois encontrou trabalho em um restaurante de hotel, onde as gorjetas eram mais altas. A rotatividade dos funcionários era alta e, em dois anos, ela já era uma das veteranas, altamente considerada pela gerência e com boas chances de se tornar gerente assistente de abastecimento do hotel. Naquela época, o álcool interferiu mais uma vez na sua vida.

Uma das portas de saída do restaurante levava a uns degraus de pedra estreitos que iam direto para um shopping subterrâneo. Ela estava lá uma noite quando um homem bêbado veio em sua direção. "Ele estava muito bêbado, ficava resmungando para si mesmo. Estava tão perto de mim que eu podia sentir seu bafo, e se aproximava cada vez mais. De repente, pensei: 'Ai, meu Deus, ele vem rápido demais, não vai dar para parar!'"

Na verdade, ele estava caindo. Caiu em cima dela. Era um sujeito pesado, talvez com o dobro do seu tamanho, e as pernas dela cederam. Eles caíram escada abaixo, ele em cima dela.

"Acho que desmaiei por alguns segundos, porque não consigo me lembrar do momento em que bati no chão. Quando dei por mim, ele tinha sumido e uma mulher vinha correndo em minha direção. Ela tentou me levantar, mas eu sabia que estava bem mal. Uma das minhas pernas não se mexia."

A perna fora quebrada em dois lugares. Um dos lugares era tão sensível que exigiu uma técnica especial com o uso de hastes de aço na medula óssea. "Foram necessários seis meses antes que eu pudesse andar de muletas. Vivi com seguro-desemprego durante um tempo, depois arrumei um emprego em que podia ficar sentada no escritório de contabilidade de uma loja de departamentos. Isso foi há alguns anos já. Hoje, voltei a ser garçonete em uma lanchonete."

Linda bebe um gole de café, pensativa, e sorri. "Não sou do tipo que sofre com autopiedade", afirma. "A vida é dura para todo mundo, sei disso. Mas esse negócio do álcool — quando é que vou me livrar dele?"

"Eu queria poder dizer alguma coisa de útil", respondi. Contei a ela sobre algumas das teorias que eu conhecia acerca da sorte, inclusive a da sincronicidade, que pareceu intrigá-la. Eu lhe disse que qualquer período de boa ou má sorte pode ser interrompido a qualquer momento, e talvez o dela já tivesse parado. Isso pareceu animá-la. Quando nos despedimos, eu disse a única coisa que veio à minha mente naquela hora. Desejei-lhe sorte.

Parte 3

Especulações sobre a natureza da sorte: algumas tentativas ocultas e místicas

Capítulo 1

Números

WILLIAM BARBER, CIDADÃO DA PENSILVÂNIA, nasceu no dia 7 de abril de 1911. Quem se importa? William Barber se importa, é claro, e é razoável supor que seus pais também se importassem. Mas o fato isolado de que ele nasceu em determinado dia parece comum por si só, pois não confere distinção alguma a Bill Barber. Todo mundo nasceu em determinado dia. Na verdade, de todos os aproximadamente 50 milhões de bebês que nasceram no mundo em 1911, cerca de um a cada 365 deles — 137 mil mais ou menos — nasceram no mesmo dia que Bill Barber: 7/4/11. Outro grupo de bebês também nasceu nessa data em 1811 e 1711, e assim sucessivamente nos séculos anteriores. Portanto, o Barber da Pensilvânia não é único nesse sentido. O que torna sua data de nascimento interessante é que ele se dedica a um sistema peculiar de controle da sorte conhecido como numerologia. Ele também estuda beisebol, futebol americano e o mercado de ações. Ele combinou esses elementos díspares em um sistema de previsão das ações da bolsa que comprovadamente vem dando certo desde 1960 e que, segundo ele, tem ajudado a torná-lo um homem rico.

Como já aconteceu antes neste livro, e certamente acontecerá mais vezes, estou na embaraçosa posição de reportar eventos que, para minha mente pragmática, não tinham um motivo claro de ser. Como a numerologia pode prever o curso do mercado de ações, cujo futuro é imprevisível até para os mais brilhantes analistas de

Wall Street? Que bobagem! Ainda assim, o sistema de previsão irracional de Bill Barber funcionou sem falhar ao longo da década de 1960 e 1970. Por quê? O que acontece? Será que existe alguma verdade nesse negócio de números "da sorte"?

Quem sabe? A numerologia, que se chama de ciência, mas talvez não mereça esse título, baseia-se nesta tese: de que existe um elo misterioso que conecta números e os eventos na vida humana. Se os números derem sorte, os eventos supostamente serão auspiciosos; caso contrário, não serão. Isso faz sentido? Na verdade, não para todo mundo. Mas certamente não é difícil entender por que algumas pessoas parecem ter ficado obcecadas com os números e atribuir a eles poderes mágicos ou preditivos.

Nós, pobres almas nesta última metade do século XX, fuçamos e chafurdamos diariamente em um grande atoleiro de números. Temos números de telefone e números de Seguridade Social, a dívida nacional e nossas dívidas pessoais, e muitos outros números, alguns dos quais gostaríamos de esquecer, mas não podemos. Além disso, os números estão frequentemente envolvidos nos riscos que assumimos e nos resultados afortunados ou não. Todos os jogos de azar são, evidentemente, decorados com números. As loterias, a roleta, a corrida de cavalos, os dados, as cartas: os números não só expressam nossas chances e o grau de vitória ou derrota, mas também estão estampados na própria parafernália do jogo. Por isso não é surpreendente que existam pessoas que, imersas nesse pegajoso caldo de números de onde não há possibilidade de escapar, começam a perceber conexões e coincidências aparentes e terminam acreditando em algum tipo de sincronicidade.

Bill Barber, um sujeito grande, genial e grisalho, já na casa dos 60 anos, é uma dessas pessoas. Por incrível que pareça, é contador e lida com números de formas não ocultas para ganhar a vida. Mas, pensando bem, talvez isso não seja tão estranho assim. Ele é contador e numerologista, porque é fascinado pela interação entre os números, e não se cansa deles. "Eu era um ás da matemática na escola", ele me disse, "não porque fosse mais esperto do que as outras crianças, mas porque me dei ao trabalho de aprender os truques, sabe, os macetes. Os números são meu passatempo. Aos 15 anos, comecei a perceber que certos números viviam reaparecendo na minha vida. Sempre que algo inesperado e bom acontecia comigo — uma onda de sorte —, esses números estavam presentes. Eram os números do meu aniversário, quatro, sete e onze. Esses eram os números bons!"

Ele me contou isso em uma lanchonete de Nova York quando passava pela cidade. Ele tomou chá e fumou um charuto. Tinha um sorriso amplo, um rosto vermelho e olhos azuis assustadoramente brilhantes. Obviamente aparentando enorme prazer em tratar desse tópico, listou todas as propriedades interessantes (para ele) desses três números. Barber observou que os dois primeiros números, 4 + 7, eram iguais à soma do último, 11. Eu não entendia bem o sentido disso, mas lhe agradava, porque indicava algum tipo de ordem, alguma interconexão misteriosa. Ele observou que os três números, 4 + 7 + 11, somam 22; que se somarmos 2 + 2, o resultado é um dos seus números da sorte: 4. E que, se você multiplicar os números $4 \times 7 \times 11$, o resultado é 308, cujos dígitos somam 11. E que, se você elevar os três números ao quadrado e multiplicar os quadrados, o resultado é 94.864, cujos dígitos somam 31, cujos dígitos, por sua vez, somam 4 novamente. E que...

Bem, acho que você já entendeu aonde quero chegar. Para Bill Barber, esses três números são demais. Possuem diversas propriedades que não parecem úteis, mas, para um numerólogo, são significativas de maneira que não podem ser articuladas.

Perguntei sobre seu sistema de previsão do mercado de ações.

"Ah", ele respondeu, "isso é muito interessante. Descobri o sistema em 1964 e o ajustei para 1960, para conferir os resultados, e vem funcionando bem desde então, até 1975. O sistema me diz se o mercado será de alta ou baixa no ano que vem. É infalível!"

De fato, pelo menos desde 1960, conferi os resultados com ceticismo e cuidado. O sistema teria produzido resultados errôneos várias vezes na década de 1950, mas não depois disso. Qualquer um que o utilizasse para planejar a compra e venda de ações na última década e meia teria perceptivelmente aumentado suas chances de ganhar. Este é um cálculo em três passos e funciona assim:

Passo 1. Pegue o último dígito do ano atual. Se for 1974, use o 4.

Passo 2. Descubra os resultados do jogo de futebol americano do Rose Bowl no início daquele ano. O jogo sempre é disputado no Ano-novo, e sempre existe alguém no bairro ou no trabalho que se lembra do placar final. Se o placar do vencedor tiver sido 30 ou mais, adicione 1 ao último dígito do ano. Novamente usando 1974 como exemplo, observamos que o Ohio State ganhou do Southern California naquele ano com um placar de 42-21. Então, como exigido pela fórmula, somamos 1 ao 4 de 1974, e ele se torna 5.

Passo 3. Descubra quantos jogos sem rebatidas foram arremessados nas partidas de beisebol da liga principal durante a temporada regular daquele ano. O mesmo estatístico esportivo que se lembrou do placar do Rose Bowl provavelmente também terá esse dado na ponta da língua. (Não conte os jogos incompletos. Os jogos que contam são aqueles disputados em nove ciclos completos.) Some esse número ao resultado obtido no Passo 2. Em 1974, houve dois jogos sem rebatidas, por isso somamos esse número ao 5 e chegamos ao resultado de 7.

Previsão: se o número final for 4, 7 ou 11, o mercado de ações subirá no ano seguinte. Se for qualquer outro número, o mercado cairá.

Como eu disse, verifiquei os cálculos. Usei o Índice Composto da Standard & Poor's como critério para determinar se o mercado tinha ou não subido nos anos anteriores, e o Almanaque Mundial e o Almanaque da Reader's Digest me forneceram as estatísticas esportivas necessárias. E funcionou...

Maluquice, você argumenta. Talvez. Mas talvez não seja mais maluco do que o enfoque de corretores, analistas financeiros e outros oráculos tradicionais de Wall Street. Sua crença otimista é a de que o mercado, embora essencialmente um mecanismo irracional, pode ser previsto por meios racionais. Se Bill Barber estiver errado, provavelmente eles não estarão mais certos do que ele. Não existe forma racional de fazer previsões sobre o mercado. Ele é comandado pela emoção, e não pela razão. A única maneira certa de ganhar é tendo boa sorte.

É sempre um erro ignorar ou negar a existência do componente da sorte de um jogo, particularmente quando o componente é grande. Boa parte dos profissionais de Wall Street parece fazer isso na maior parte do tempo. Eles acham tranquilizador acreditar que o futuro de longo prazo do mercado pode ser previsto pela aplicação diligente da razão humana. Isso lhes dá ilusão de que estão preparados e os deixa calmos. Infelizmente, o resultado é que continuam fazendo previsões que parecem mais sólidas e confiáveis do que de fato são. As previsões são, na verdade, meras estimativas, não muito mais confiáveis do que um palpite que você poderia fazer sobre os números futuros que seriam sorteados em uma roleta.

Os jogadores mais sortudos no mercado são aqueles que o consideram pelo menos em parte um jogo que envolve sorte, e não a razão pura. O raciocínio rápido pode ajudar na especulação com ações, mas não em termos de previsões de longo prazo. É duvidoso que qualquer profissional de Wall Street saiba mais sobre o futuro de longo prazo do mercado de ações do que Bill Barber ou eu.

O fato é que os palpites de Barber sobre o futuro mostraram estar corretos. Ele vendeu tudo no final de 1968 porque o número da sua previsão naquele ano foi 13, indicando que 1969 seria um ano ruim para deter ações. E foi. Em 1969, o número foi 15, indicando que 1970 também seria um ano tenebroso. E foi. Em 1970, o número foi 4, indicando tempos melhores em 1971. Bill Barber comprou algumas ações no início de 1971 e terminou o ano um pouco mais rico.

Antes de passarmos a elogiar o Sistema de Barber, no entanto, seria melhor nos valer do bom e velho ceticismo. Barber pensa que seu sistema funciona por causa de alguma conexão oculta entre seus números da sorte e os eventos que eles alegadamente preveem, e as provas que ele oferece são que suas previsões deram certo durante 15 anos seguidos. No entanto, também é fácil acreditar (para mim, acho, mais fácil) que ele é beneficiário de um período incomumente longo de sorte, como um período de 15 vitórias consecutivas na roleta. É possível que eventos aleatórios funcionem a favor de determinado homem ou mulher 15 vezes seguidas, embora não aconteça com frequência. Entretanto, não há garantia de que na 16ª vez a roleta também será favorável. No ano seguinte ou no ano depois dele, alguns dos sistemas de previsão racional de Wall Street poderão gerar outro método de mais sucesso do que o Sistema de Barber.

A resposta de Bill Barber para isso: "Claro, o sistema poderia dar errado alguns anos. Não me surpreende. Não espero que o sistema seja perfeito. Só espero que aumente as chances a meu favor — que me dê uma resposta certa com mais frequência do que eu obteria por acaso. Se eu jogar a roleta, vou escolher os números 4, 7 e 11, mas não espero que esses números apareçam o tempo todo. Minha expectativa é de que eles apareçam com um pouco mais de frequência do que afirmam as estatísticas."

Ele já apostou na roleta?

"Não, parece chato."

***

Uma pesquisa informal revela que cerca de três em quatro homens e mulheres, se forem questionados sobre seus números da sorte, terão uma resposta pronta para dar, sem qualquer hesitação. (Já conhecemos Eric Leek, por exemplo, o ganhador da loteria de Nova Jersey que gosta do número 10.) Entre os apostadores dedicados, a razão é muito maior do que três em quatro — tão maior que eu ousaria dizer que chega a 99 em cem. Mas quer você aprecie a jogatina ou não, é provável que identifique um número qualquer, talvez até mais de um, como o seu número da sorte. Talvez se considere uma pessoa racional, não muito chegada a superstições. Ainda assim, existe um número pairando em algum lugar nas profundezas pantanosas de sua consciência, um número que de alguma forma ficou associado com eventos felizes na sua vida.

Os números de azar também são comuns. Muitas pessoas que afirmam desdenhar outras superstições ficam bem desconfortáveis na presença do número 13, por exemplo. Esse número envolto em um manto de tristeza é considerado com desconfiança em quase todas as nações ocidentais e na União Soviética. (Outras nações têm suas próprias fobias numéricas. No Japão, por exemplo, parece que existe algo de errado com o número 4.) O medo associado ao 13 é fortíssimo nos Estados Unidos, apesar de essa nação ter tido excelente sorte depois do seu início com 13 colônias e apesar de o número 13 aparecer de forma inusitada na onipresente nota de um dólar. Se você examinar o lado verde de uma nota de um dólar, verá uma pirâmide com 13 degraus, um escudo com 13 listras, um conjunto de 13 estrelas e uma águia com 13 penas na cauda que, em uma das presas, tem 13 flechas e, na outra, um ramo de oliva de 13 folhas. Será que a nota de um dólar dá azar? Talvez uma de dez dólares seja melhor, mas poucos americanos recusariam uma nota de um dólar, ou mesmo 13 dólares, se você oferecesse a eles.

Ainda assim, evitamos o 13 quando podemos. Anfitriões recorrem a todo tipo de artimanha ridícula para não ter 13 convidados na mesa de jantar. Muitos prédios não têm o 13º andar e muitos hotéis não têm quartos com o número 13. (No Japão, existem truques semelhantes para evitar o número 4.) Muitos americanos evitam tomar decisões ou assumir compromissos, ou embarcar em novos empreendimentos, ou fazer qualquer coisa, se possível, em uma sexta-feira 13.

Houve almas corajosas em nosso passado glorioso, como em todas as nações, que zombaram dessa tricaidecafobia e buscaram provar que o 13 é um número inofensivo e até amigável. Uma dessas pessoas foi Ralph Branca, arremessador do Brooklyn Dodgers nas décadas de 1940 e 1950. Contra os apelos apavorados de seus colegas de equipe mais supersticiosos, Branca pediu e conseguiu estampar o 13 na sua camisa. Ele fez ótimos arremessos durante o ano de 1951 e ajudou a levar a equipe à final com o New York Giants. Até os últimos segundos do último jogo do campeonato, os Dodgers pareciam ter o título nas mãos. Mas então veio o desastre — um desastre tão repentino e de tamanha magnitude que os historiadores do beisebol ainda hoje falam com admiração desse jogo.

Os Dodgers estavam na frente, e era a última metade do nono ciclo, e Branca estava arremessando. Dois jogadores do Giants estavam na base, e dois estavam fora. Era a vez de o último dos Giants, Bobby Thomson, rebater. Tudo que Branca precisava era eliminar esse sujeito, e o jogo e o campeonato seriam seus. O jogo estava tão liquidado que a multidão já estava se dispersando para as saídas, e milhões de outros torcedores estavam desligando seus televisores e rádios e começavam a pensar em buscar o dinheiro das apostas.

Então Branca pôs tudo a perder com um único arremesso infeliz. Mais tarde ele disse que achou que ia mal antes mesmo de a bola sair de sua mão. Bobby Thomson acertou um *home run* com aquele arremesso, e os Giants ganharam a partida e o campeonato, e nunca mais nenhum jogador do Dodger, no Brooklyn ou em Los Angeles, vestiu uma camisa 13.

***

Parece estranho que o 13 seja um número que representa o azar para uma grande parcela da população, quando nenhum número da sorte alcançou esse feito. Por motivos que nunca foram bem explicados, as pessoas são mais independentes na escolha dos números da sorte do que em repudiar o número 13.

Algumas pessoas adotam números da sorte de forma aleatória e, se perguntarem a elas que características conferem sorte a esses números específicos, darão de ombros, sorrirão e não saberão responder. Esse número pode ter sido associado ao de um animal de estimação na infância ou na adolescência de alguém. Pode ter sido o número usado em uma temporada de futebol boa, talvez, ou o número de uma casa onde a pessoa viveu momentos felizes, ou, ainda, o número de pessoas que participavam de uma turma de bairro que traz boas recordações.

Outras pessoas, como Bill Barber, escolhem os números da sorte com cuidado mais meticuloso e têm algum tipo de justificativa a oferecer. Alguns argumentam que existem razões pelas quais esses números são melhores do que outros. Tal justificativa depende de um conjunto de propriedades ou relações atraentes, mas de outro modo inúteis, entre os números.

Bill Barber gosta dos seus números porque somá-los e multiplicá-los de várias formas produz resultados organizados. Os números parecem organizados. Parecem confortáveis. Eles parecem que pertencem juntos. Meus números preferidos são 6 e 28, e tenho uma justificativa esplêndida para essa escolha. Por um lado, são números que representam a data do meu aniversário. Por outro, 6 e 28 são os únicos dois números inteiros "perfeitos" abaixo de 100. Na teoria dos números, um número perfeito é igual à soma dos seus fatores. Os fatores de 6 são 1, 2 e 3, que somam 6. Os fatores de 28 são 1, 2, 14, 4 e 7, que somam 28. Números perfeitos são muito raros. Só existem algumas dúzias no primeiro milhão. Dá para entender por que eu acho esses números atraentes.

Eles são bons para mim? Provavelmente não muito. Uma vez joguei na roleta em um cruzeiro, e apostei minhas moedas de 25 centavos nos números 6 e 28. Se um desses números tivesse sido sorteado, teria pagado uma razão de 35 para 1. Ou seja, eu teria ganhado US$ 8,75 mais os meus 25 centavos. Mas as chances contra alguém ganhar em uma jogada assim com dois números em uma roleta americana são de 19 para 1 em qualquer ocasião. Joguei 20 vezes, sem que meus números fossem sorteados, e perdi US$ 10. Desisti, e, na rodada seguinte, o número 6 foi sorteado. Irritado e mal-humorado, saí do cassino e fui beber. Um dos jogadores mais tarde se deu ao trabalho de me procurar e me dar mais notícias deprimentes. Durante as dezenas de rodadas em que ele participou depois que saí do jogo, o número 28 foi sorteado duas vezes.

Que lição eu deveria ter aprendido com essa experiência? Suponho que a lição seja que é divertido ter e cuidar dos números da sorte, mas que não devemos esperar muito deles. Basta mantê-los por perto, para ter boa sorte.

***

Nancy Berman, professora de matemática aposentada, mora na Califórnia e visita Las Vegas para passar algumas semanas todos os anos. Ela afirma que quase sempre volta para casa com mais dinheiro do que levou. Gosta do vinte e um, que combina sorte e habilidade, e também da roleta, um jogo que envolve pura sorte. Considera que sua boa sorte consistente resulta em parte de prestar atenção a um misterioso número de 11 dígitos que ela chama de Palíndromo de Grande Poder.

Você pode passar direto pelos próximos parágrafos se detestar matemática. Um palíndromo é um número ou frase que pode ser lido da esquerda para a direita e vice-versa, sem modificação no sentido. "Socorram-me, subi no ônibus em Marrocos" é um bom exemplo. Um palíndromo numérico seria 10.101.

Acontece que palíndromos muito interessantes (para quem gosta de números, claro) podem ser criados se elevarmos grupos de números consecutivos a várias potências. Se você pegar todos os números de 0 a 10 e elevá-los ao quadrado (multiplicá-los por si mesmos), os últimos dígitos dos números ao quadrado resultados se alinharão na seguinte ordem: 01496969410. Interessante e misterioso. O mesmo tipo de palíndromo com os últimos dígitos é obtido quando elevamos ao quadrado os números de 10 a 20 e de 20 a 30, e assim sucessivamente para toda a eternidade.

Elevar ao cubo números consecutivos da mesma forma gera outro número que se repete infinitamente que é interessante por motivos diferentes, mas não é um palíndromo; o mesmo se aplica a elevar números consecutivos à quinta potência. O Palíndromo de Grande Poder de Nancy Berman é obtido aplicando a potência de quatro (como em $2 \times 2 \times 2 \times 2$). Quando fazemos isso, temos como resultado uma infinita repetição deste charmoso número: 01616561610.

Elevar os números a potências ainda mais altas não gera nada de novo. Os mesmos palíndromos são obtidos, e outros números que se repetem novamente. Assim, na terminologia de Nancy Berman, o palíndromo de quarta potência é o "mais alto". É por isso que pode ser chamado de Grande. Além disso, é interessante e fácil de lembrar.

Contudo, para que serve? Nancy Berman acredita que os quatro números que formam o Palíndromo de Grande Poder — 0, 1, 5 e 6 — têm uma afinidade intensa e oculta entre si. Quando um deles é sorteado na roleta, afirma Berman, os outros três se empenham com todo o vigor para aparecer logo depois. "Meu método é observar a roleta sem jogar. Espero até que um dos números apareça. Quando acontece, imediatamente aposto nos outros três números. É quase certo que pelo menos um deles vai aparecer; as chances são maiores do que seria previsto de início."

Estranho. Nancy Berman é uma mulher alta e grisalha, com uma mente brilhante, olhar firme e um aperto de mão mais forte do que o de muitos homens. Não há nada em seu olhar ou comportamento que possa sugerir qualquer fraqueza intelectual, qualquer tipo de ingenuidade ou vagueza mística. Ela mesma reconhece que esse negócio de Palíndromo de Grande Poder não combina com sua natureza básica. "Sou uma mulher muito prática", afirma, com um olhar ligeiramente intrigado. "Não acredito naquilo que não consigo ver, sobretudo quando meu próprio dinheiro está envolvido. Não leio meu horóscopo no jornal nem tenho amuletos da sorte. Sinceramente, fico até meio envergonhada com esse negócio de numerologia. Se quiser discutir comigo o assunto, tudo bem, porém não vou tentar defendê-lo. Mas..."

Mas o quê? Talvez se resuma ao fato de que, se temos um número da sorte, ele pode nos confortar. Pode guiar suas ações em situações desconcertantes em que há muitas opções, mas nenhuma base racional para escolher. O jogo da roleta é uma dessas situações. Não há enfoque racional que melhore suas chances de ganhar. Certos tipos de apostas e certos tipos de sistemas de apostas diminuirão a velocidade com a qual você perde seu dinheiro, mas, além disso, não há escolhas racionais a serem feitas. Um número é tão bom quanto qualquer outro. Enfrentando esse tipo de situação, com muitas opções disponíveis, mas nenhum critério de escolha, você talvez ficasse ali, paralisado, incapaz de tomar qualquer decisão.

A paralisia da vontade não é de grande importância na mesa da roleta, claro. Significa que você nunca entrará no jogo. No entanto, em outras áreas da vida, áreas mais significativas, em que as escolhas devem ser feitas com dados insuficientes ou não existentes, a paralisia da vontade pode ser prejudicial. Existem situações nas quais você precisa fazer alguma coisa, embora não haja uma boa maneira de escolher entre várias opções. Se você estiver dirigindo por uma estrada desconhecida e chegar a uma encruzilhada sem ter ideia de que caminho seguir, precisará fazer uma escolha irracional, rapidamente. Se parar o carro no meio da estrada e ficar paralisado, correrá um risco mortal. Em uma situação assim, qualquer coisa que o ajude a tomar uma decisão deve ser valorizada. Qualquer coisa, incluindo um número da sorte.

Nancy Berman sente que seu Palíndromo de Grande Poder faz sentido desse ponto de vista, pelo menos. "Quer você acredite que os números têm poderes especiais ou não", afirma, "a verdade é que eu não jogaria na roleta se não tivesse algo desse tipo para me guiar. Não saberia como escolher. A numerologia pode parecer boba para muitas pessoas, mas é um jogo de que gosto. Eu gostaria dele mesmo se perdesse na maior parte das vezes. O que acho mais legal e surpreendente é que, na maioria das vezes, ganho." Ela sorri e acrescenta: "Mas você não precisa acreditar nisso, claro."

Na verdade, não sei se acredito. Talvez seu grande número de vitórias em Las Vegas deva-se principalmente ao vinte e um, um jogo em que opções inteligentes e racionais podem de fato aumentar as chances a favor de qualquer jogador. Quanto à roleta, já observei que a Primeira Lei da Probabilidade afirma que "qualquer coisa pode acontecer" e que a Segunda Lei afirma que "se tiver chance de acontecer, acontecerá". Longos períodos de sorte, mesmo que durem a vida inteira, acontecem às vezes. Alguns de nós talvez não estejamos preparados para acreditar que o sucesso na roleta de Nancy Berman vem de forças misteriosas que agem por meio do Palíndromo de Grande Poder, mas podemos pelo menos aceitar a possibilidade de uma coincidência. Talvez os números 0, 1, 5 e 6 tenham sido sorteados muitas vezes quando Nancy Berman resolvia se aproximar de uma roleta.

Não importa no que acreditamos ou de que forma interpretaremos sua história; parece que a teoria dela sobre as escolhas faz sentido. As pessoas de sorte são um grupo dotado dessa capacidade de fazer escolhas diante de dados inadequados. Mais tarde vamos investigar essa interessante proposição em mais detalhes.

***

Harold Muhs, *barman* aposentado, mora em Trenton, Nova Jersey. Tem 69 anos, simpático, mas não muito falante. Como muitos colegas de profissão, guarda para si a maior parte dos pensamentos, inclusive aqueles relacionados à sorte. Outras pessoas, no entanto, já falaram e pensaram muito sobre ele nos últimos anos, pois a fortuna o tirou da tranquila obscuridade em que muitas vezes teria preferido ficar.

No dia 4 de janeiro de 1973, ele ganhou US$ 50 mil na loteria estadual de Nova Jersey. No dia 4 de março de 1976, ganhou de novo: dessa vez, mais US$ 250 mil.

Sua posição preliminar no sorteio de 1976 foi a quarta. Isso e o fato de que as duas grandes boladas foram ganhas no dia do mês atraíram a ávida atenção dos numerologistas à sua volta. Alguns deles, e alguns dos adeptos da sincronicidade, esforçaram-se muito para demonstrar as relações entre vários números e Harold Muhs. Elas indicam que alguns resultados fascinantes podem ser obtidos multiplicando-se os dígitos dessas duas datas, 4/1/73 e 4/3/76. Multiplicando $1 \times 4 \times 7 \times 3$, o resultado é 84; os dígitos das outras datas dão 504. Não só 84 é um fator de 504, mas os dois números terminam em 4 e são divisíveis por 4. Além disso, se multiplicarmos 84×504, ou se elevarmos 84 ao quadrado, ou 504 ao quadrado, em todos os três casos teremos como resposta um número cujos dígitos somam o mesmo número: 18. Parece um caso perfeito de sincronicidade numérica.

"Bem, caro Sr. Muhs", perguntei, "o que o senhor acha de todo esse aparato numerológico? Será que o número 4 tem algum tipo de afinidade mágica com a sua pessoa? Ou talvez o número 18."

"Não. O único número que me interessa é o 3."

"Ah, é? Por que o 3?"

"Estou esperando para ver se um raio vai me acertar pela terceira vez no mesmo lugar."

Capítulo 2

Destino e Deus

ALGUMAS PESSOAS ACREDITAM EM Deus, outras não; outras, ainda, não têm certeza em que acreditam. Entre as pessoas que acreditam em um ser assim, existem centenas de teorias — talvez milhares — sobre a natureza desse ser e sua relação conosco, reles mortais na terra. Em termos da sorte, no entanto, existem dois grandes grupos.

Um grupo sustenta que, embora Deus tenha nos criado e tenha algum interesse geral em nosso bem-estar, não faz qualquer tentativa de exercer controle detalhado sobre nossas vidas individuais. Ele ama a raça humana no geral, mas não se preocupa especificamente com a sua ou com a minha vida. Segundo essa teoria, nascemos para lutar por conta própria, encontrar nossa sorte, enfrentar nossos próprios destinos difíceis, sem ajuda nem obstáculos do além.

O segundo grupo, talvez um pouco maior do que o primeiro, acredita que Deus se preocupa com a vida de cada indivíduo na face da Terra. Segundo essa corrente, nossa vida tem um propósito próprio, e Deus manipula cuidadosamente nossa existência para que esse propósito seja alcançado. Quando nascemos, afirma esta teoria, Deus já sabia o que ele queria das nossas vidas e qual seria nosso destino. O que quer que tenha acontecido desde então fazia parte desse plano divino. A sorte, em outras palavras, está sob o poder, o projeto e a benevolência da vontade de Deus.

Essa segunda visão talvez seja a mais abrangente teoria da sorte de todas. Seria presunção minha tentar analisar a teoria aqui e seria também supérfluo, pois o número de livros escritos sobre Deus e o destino humano beira um milhão. O mais conhecido deles é a Bíblia. Ela nunca afirma que "a sorte é a vontade de Deus", mas este é um de seus principais sentidos: tudo que sucede ao crente, seja bom ou ruim, só acontece por única e exclusiva vontade do Deus Todo-Poderoso. Embora muitos tenham tentado, ninguém consegue expressar tão bem essa ideia quanto a Bíblia. Não serei exceção.

Vamos nos contentar em conversar com uma mulher que concorda com a teoria de que a sorte é a vontade de Deus. Como todas as outras histórias deste livro, a dela foi incluída aqui para fins informativos, sem qualquer conotação. Se você tiver uma teoria diferente sobre a sorte, a história provavelmente não mudará seu ponto de vista. Se cumprir bem seu propósito, ela servirá para explicar por que algumas pessoas consideram razoável acreditar que uma inteligência invisível controla todos os detalhes dos seus destinos.

Antes de prosseguirmos, uma observação importante sobre o uso da linguagem. Essa inteligência invisível recebe muitos nomes. Seguirei o uso cristão e judaico da palavra "Deus" porque é uma palavra curta e expressa bem o significado para a maioria dos propósitos. Também usarei a designação clássica "ele", mas apenas por conveniência estilística, e não para marcar uma posição sexista ou uma tentativa de negar a possibilidade de um deus de religião diferente. Para evitar me atrapalhar com pronomes pomposos, não seguirei o estilo exageradamente pio de usar letras maiúsculas para designá-lo. Se houver um Deus e se ele gostar de ler livros, e se for tão benevolente quanto seus seguidores afirmam, espero que fique mais entretido do que ofendido com meu pequeno relato.

***

Irene Kampen, escritora, talvez seja mais conhecida pela obra *Life Without George*, um divertido livro no qual se baseou a série de televisão *Lucille Ball*.

Ela escreveu vários outros livros, todos eles caracterizados pelo mesmo humor irônico, resultante de suas experiências como mulher de classe média que tenta se manter em um mundo confuso e nem sempre acolhedor. Ela tem um séquito fiel de leitores. Seus livros e a série de TV a tornaram rica. Ela pensou muito sobre sua fama e fortuna, pois chegaram de forma repentina e inesperada, já na meia-idade. Antes dessa época, ela estava em um poço de desespero tão profundo que parecia não haver volta. "Se alguém me dissesse em 1960 que eu seria escritora", afirma, "eu teria achado ridículo". Eu não tinha a menor ideia de que escreveria um livro. E, se essa mesma pessoa tivesse previsto que eu teria sucesso nessa profissão, eu teria gargalhado na cara dela. Eu era divorciada, estava sem um tostão, tentando criar uma filha. Estava no fundo do poço. Não tinha a quem recorrer. A vida parecia ter acabado para mim. Então..."

Então, a sorte chegou. Enormes ondas de sorte, várias seguidas, acertando a vida dela em cheio, de repente. Quando a poeira baixou, todo o curso daquela vida tinha sido drasticamente alterado.

Sorte? Irene Kampen acredita que tenha sido planejado desde o princípio por Deus. "Nasci para fazer as pessoas rirem", afirma, num tom de absoluta convicção. "Tudo que aconteceu comigo, incluindo minha miséria e meu sofrimento, serviu para concretizar esse propósito. Cheguei onde estou hoje porque Deus assim o quis. Não vejo qualquer outra explicação possível. Para que essa mudança drástica tenha acontecido em minha vida, centenas de eventos separados precisaram ocorrer com as pessoas certas, na hora certa e da maneira certa. Esses eventos precisaram se encaixar como peças de um quebra-cabeça. Se uma peça estivesse faltando, todo o conjunto teria ruído, o processo teria sido interrompido e hoje eu ainda estaria no mesmo lugar onde estava em 1960. Preciso acreditar que uma força maior organizou tudo isso."

Irene Kampen, com mais de 50 anos, é uma mulher de grande graça e extraordinária presença de espírito. Se é verdade que Deus a colocou no mundo para fazer as pessoas rirem, ela está servindo muito bem aos propósitos divinos. Na cidade de Ridgefield, no estado de Connecticut, onde mora, e arredores, ela está entre as mais populares oradoras das reuniões do Lions Club, nos almoços de senhoras e nos jantares organizados pelo Rotary Club. Viaja pelo país com frequência para fazer palestras para outros grupos. A plateia quase sempre sai sorrindo. Ela nega que tivesse esse talento quando mais nova. A capacidade de fazer as pessoas rirem — sua mordacidade é característica — foi criada e desenvolvida, segundo acredita, pelo mesmo ser supremo que a manipulou para que assumisse a posição de escritora. Ela acredita que sua vida foi programada desde o princípio para que, quando virasse autora de livros, estivesse equipada com duas necessidades: uma fonte de experiência para suas histórias e uma personalidade mordaz que permitisse contar histórias engraçadas.

Irene Kampen nasceu no Brooklyn. Sua infância foi feliz e relativamente tranquila. Estudou jornalismo na Universidade de Wisconsin — universidade que escolheu em um processo que chama de aleatório. Hoje, Irene acredita que sua escolha foi guiada pela mão de Deus. Em Wisconsin, conheceu o jovem que se tornaria seu marido. A Segunda Guerra Mundial estava se aproximando, e ele se alistou como piloto de bombardeiro. Ela trabalhou durante algum tempo em um jornal, esperando ele voltar da guerra, mas não gostou do trabalho e pediu demissão. O piloto voltou e retomou sua carreira interrompida como ilustrador. Os dois se casaram. Compraram uma casa em Levittown, no estado de Long Island. Tiveram uma filha.

"Esse foi um período feliz da minha vida", lembra Irene. "Eu era uma jovem mãe em horário integral. Naquela época, a gente podia se dedicar integralmente à maternidade, sem precisar inventar desculpas, porque gostava daquela vidinha. Eu achava ótimo".

No entanto, as forças do destino já estavam em movimento. Seus pais compraram uma casa em Ridgefield. Irene e o marido iam visitar de vez em quando, pois gostavam da pequena cidade da Nova Inglaterra (hoje uma grande cidade da Nova Inglaterra), e, por fim, decidiram se mudar para lá também. Nessa época, o marido prosperara na profissão. Eles tinham dinheiro para contratar um arquiteto para projetar a futura casa.

"O arquiteto e a esposa viraram nossos amigos. Quando terminávamos os assuntos da obra, saíamos juntos para jantar. Depois de algum tempo, a esposa do arquiteto e meu marido tinham muito mais assuntos em comum do que apenas a obra. Eles fugiram juntos."

Após dois anos de separação, Irene se divorciou do marido. Ela ficou com a casa em Ridgefield. Para se manter e sustentar a filha, foi trabalhar na floricultura do pai, em Nova York. O salário mal cobria as despesas. Para ajudá-la a pagar as contas e também porque estava solitária, convidou uma amiga para morar consigo. A amiga era outra mulher divorciada de Ridgefield com um filho pequeno.

Esse período foi o fundo do poço da vida de Irene Kampen. "Minha única razão de viver era minha filha. Se não fosse por ela... Bem, foi nessa época difícil, no final década de 1950, que comecei a frequentar a igreja. Nunca tinha me interessado muito por religião antes, mas agora estava desesperada atrás de consolo. Eu não rezava para as coisas melhorarem: Estava pessimista demais para isso. Minha oração era assim: 'Sei que estou acabada e não vou pedir surpresas de contos de fadas. Por favor, só não deixe que as coisas fiquem piores.'"

Ela não sabia que um distante mecanismo do destino já estava começando a fazer uma curva lenta e acentuada em sua direção. Do outro lado do país, na Califórnia, o frequentemente conturbado casamento e a parceria comercial de Lucille Ball e Desi Arnaz estavam chegando ao fim. Irene se lembra de ler a história em uma revista ou jornal. Ela sentiu uma pontada de simpatia pela atriz ruiva e, em seguida, esqueceu completamente a história, é claro.

Um dia, Irene conheceu Karl Nash, diretor e editor do semanário *Ridgefield Press*. Nash observou que estava incomodado pela falta de humor no seu jornal. Irene nunca mais escrevera nada desde sua aventura jornalística antes do casamento, e, até essa oportunidade de conhecer Karl Nash, a ideia de retomar essa profissão abortada nunca lhe ocorrera. Ela agora acredita que Deus deliberadamente colocou o editor no seu caminho para que se conhecessem. Voltou para casa naquela noite, pensou sobre o que Nash lhe dissera e o procurou alguns dias mais tarde com uma proposta para que escrevesse uma coluna humorística semanal sobre eventos e pessoas da comunidade. Nash avaliou alguns textos que ela escrevera, gostou deles e ofereceu US$ 5 por semana para ela continuar. "Não era muito dinheiro", afirma, "mas na minha situação financeira, eu não podia me dar ao luxo de recusar". A coluna, intitulada "The Thursday Thing", foi publicada durante alguns meses. Em seguida, Nash começou a receber reclamações de certos personagens locais que foram mencionados na coluna que não acharam graça nenhuma da brincadeira. A coluna deixou de ser publicada.

Os próximos dois lances da misteriosa manipulação de Deus ocorreram um dia em uma biblioteca local. Irene fora à biblioteca devolver um livro. No caminho, encontrou um conhecido, um artista. Ele comentou que achara a coluna "The Thursday Thing" excelente, que era uma pena que a coluna acabara e que Irene deveria reunir os textos em um livro. Irene agradeceu o elogio, mas duvidava da sabedoria do conselho. Entrou na biblioteca para devolver o livro. Era um livro supostamente de humor, escrito por uma mulher, mas Irene não tinha achado muita graça. Ela disse isso para a bibliotecária, e acrescentou: "Eu mesma poderia escrever um livro mais engraçado do que este." A bibliotecária estava evidentemente irritada naquele dia. Os bibliotecários em geral ouvem comentários como os de Irene e balançam a cabeça com educação, guardando seus pensamentos para si. Essa bibliotecária, entretanto, sentiu necessidade de desabafar. Ela sugeriu que Irene Kampen colocasse mãos à obra, em vez de reclamar. "É fácil dizer que você consegue escrever um livro", desafiou a bibliotecária. "As pessoas me dizem isso toda semana. Uma vez, uma vezinha só, eu ia gostar de conhecer alguém que não só fala, mas faz".

Irene fora encorajada pelas palavras do artista e, minutos depois, desafiada pelas palavras da bibliotecária. A combinação era explosiva. As engrenagens começaram a mexer dentro dela. Naquela noite, começou a escrever um livro sobre as experiências de duas mulheres divorciadas que dividem uma casa com dois filhos. Ela trabalhou no livro nos seus horários de folga durante o ano seguinte, sem senso de urgência e sem saber o que faria com ele quando ficasse pronto. "Nem sei por que estava escrevendo o livro", diz. "Era mais ou menos um *hobby*, algo para me distrair dos problemas. Acho que sonhava vê-lo publicado, mas não acreditava que iria aconteceria de verdade. Continuei escrevendo sem planejar nada além da página seguinte. Era um desejo meio estranho... Eu não conseguia explicar na época, mas acho que consigo agora. O desejo vinha de algo maior do que eu. Era parte do plano."

O elemento seguinte desse delicado plano foi um encontro aparentemente casual em Nova York. "Eu estava indo pegar um trem para casa quando encontrei um velho amigo que não via há anos, roteirista de TV. Se não tivesse encontrado com ele, tudo teria ido por água abaixo. O encontro foi uma peça essencial do quebra-cabeça. Ele me pagou uma bebida. Contei a ele o que estava fazendo, e o resultado foi que lhe entreguei uma cópia do meu livro inacabado e ele mostrou para um editor de TV. Eles acharam que o livro precisava ser mais trabalhado e deram algumas sugestões para melhorá-lo, sobretudo em termos de organização. Então, nos meses seguintes, trabalhei o texto e reorganizei os capítulos."

Se fosse para os planos de Deus se concretizarem, era essencial que esse livro mais bem-organizado estivesse pronto para passar para a próxima fase. Essa fase começou quando Cyril Ritchard, o ator, se mudou para Ridgefield. Primeiro a mãe e depois Irene o conheceram. Em uma festa de fim de semana na casa de Ritchard, Irene conheceu um autor de Hollywood. "Contei a ele que estava trabalhando em um projeto. 'Acho que é um livro', eu disse. Ele não teria se interessado muito se eu lhe dissesse que escreveria um livro. Mas como eu tinha um manuscrito de fato para mostrar, ele foi gentil o suficiente e concordou em lê-lo."

Ele gostou do texto e o mostrou para uma editora da 20th Century Fox. Ela achou bom, mas ainda tinha dúvidas. Sugeriu enviar o manuscrito para um agente literário de Nova York conhecido seu.

O agente provavelmente não teria lido se tivesse chegado ali pelo correio, escrito por uma mulher desconhecida. Mas como tinha vindo com recomendação de uma editora renomada, o agente leu o texto, considerou-o promissor e encaminhou para outro editor. O editor gostou e ofereceu mil dólares adiantados e um contrato de *royalties* padrão.

"Fiquei encantada", afirma Irene. "Para mim, na época, os mil dólares eram uma fortuna. Eu teria ficado feliz só com a publicação do livro, mas receber adiantado — era realmente fantástico!"

O agente estava menos entusiasmado. Um adiantamento de mil dólares é bem parcimonioso. Ao oferecê-lo, os editores estavam tacitamente dizendo que não esperavam que as vendas do livro fossem boas. Mais para livrar a cara do que por qualquer outro motivo, o agente pediu algumas alterações no contrato. Uma alteração sugerida dizia respeito ao fato de, caso qualquer parte do livro fosse vendida para a TV, todos os direitos seriam pagos à autora. O editor, certamente debochando dessa fantasia, concordou sem pestanejar. "Era ridículo sonhar com um programa de TV naquela época", lembra Irene. "Sinceramente, eu mesma fiquei intrigada".

Na Califórnia, no entanto, Lucille Ball e Desi Armaz romperam definitivamente. A atriz, um tanto magoada, estava procurando um novo "veículo", como se diz no jargão televisivo. Ela e a amiga, Vivian Vance, queriam encontrar alguma comédia em que não houvesse papéis masculinos de destaque. Vinham procurando um roteiro havia três anos e já estavam desesperadas.

Um dia, o agente de Lucille Ball leu o livro de Irene Kampen. O programa foi ao ar durante sete anos e ainda é reapresentado hoje em dia.

***

Como acontece com qualquer história sobre a sorte, a interpretação não é fixa. Seria possível recontar a história de Irene Kampen do ponto de vista da aleatoriedade, da astrologia, das forças psíquicas ou de qualquer outra teoria. Ela mesma admite isso — mas só com certa relutância e às vezes. Para ela, a interpretação religiosa é tão real quanto os fatos da história.

Talvez sua próxima interpretação seja diferente, e talvez você tenha certeza de que está certo. Tudo bem. No entanto, não perca tempo tentando vender sua interpretação para outras pessoas. Os únicos homens e mulheres que o ouvirão serão aqueles que já pensam como você. Depois que as pessoas chegam a uma conclusão sobre a natureza da sorte — mesmo conclusões vagas —, quase nunca mudam de ideia.

Capítulo 3

Amuletos, sinais e preságios

MEU PAI COSTUMAVA CONTAR uma história sobre causas e efeitos. Todos os dias, ao meio-dia, um sujeito aparece em uma esquina movimentada com uma bandeira verde e um clarim. Ele balança a bandeira, toca algumas notas no clarim, diz umas palavras mágicas e vai embora. Um policial que observa esse exercício durante algumas semanas finalmente não aguenta mais de curiosidade. "Que diabos você está fazendo?", pergunta o policial. "Afastando as girafas", responde o sujeito. O policial diz então: "Mas não há girafas por aqui." O sujeito responde: "Sinal de que estou fazendo um bom trabalho, não é?"

Os personagens dessa história mudaram ao longo dos anos e, muitas vezes, alguns elementos vulgares foram introduzidos, mas o ponto central continuou sempre igual. Meu pai contava a história para refutar o que ele chamava de "malditas superstições idiotas", em cuja categoria ele incluía todas as crenças ocultas e místicas sobre a sorte. Ele era um banqueiro suíço, um homem com fortes raízes na cultura industrial pragmática dos Estados Unidos e da Europa Ocidental. Se não conseguisse ver uma causa em ação para produzir determinado efeito — se ele não enxergasse como os dois elementos estavam ligados em termos de leis físicas conhecidas —, meu pai duvidava da existência de qualquer tipo de ligação.

Assim, ele contava a história da girafa sempre que alguém tentava defender a astrologia: "Meu horóscopo previu o que aconteceria comigo esta semana!" Ou os números da sorte: "Viu só, o que foi que eu disse? Eu sabia que ficaria tudo bem, porque hoje é o sexto dia do mês!" Ou cartas do tarô, folhas de chá, gatos pretos, escadas, sal derramado, espelhos quebrados, pés de coelho ou qualquer um dos inúmeros elementos que supostamente preveem ou influenciam a sorte.

O ponto central da história sem dúvida alguma era sensível. É uma falácia lógica inferir uma relação de causa e efeito da mera proximidade. Quando dois eventos começam simultânea ou consecutivamente, pode ou não ser verdade que um causa o outro. Se um gato preto cruzou o seu caminho na semana passada e você quebrou a perna esta semana, pode ser injusto culpar o gato.

Por outro lado, algumas pessoas insinuam... Quem sabe? Pode ser uma falácia tão grave negar a existência de uma relação causal somente porque não é possível enxergá-la. Os devotos da astrologia e de outras crenças ocultas e místicas consideram essa ideia um pilar importante — embora instável — de suas várias justificativas. Os argumentos são no sentido de que nossa cultura insensível, prática e voltada para objetos concede muito pouco espaço para elementos que não possam ser pesados, medidos ou analisados por um computador. "Só porque não podemos explicar alguma coisa em termos da nossa ciência ocidental materialista", afirmam os místicos, "isso não que dizer que..."

Eles citam muito Hamlet. Hamlet disse: "Há mais coisas entre o céu e a terra, Horácio, do que sonha a nossa vã filosofia." Hamlet estava tentando dizer ao amigo que ele tinha acabado de ter uma longa conversa com um fantasma. Aqueles que se valem dessa citação batida como arma de debate, no entanto, em geral se esquecem de acrescentar que Horácio não ficou muito convencido. Ele estava mais inclinado para uma teoria menos oculta: a de que Hamlet provavelmente estava louco.

Hamlet e Horácio tinham direito de ter a própria interpretação dos eventos, e o mesmo se aplica a meu pai e a todos que argumentam com ele, assim como acontece comigo ou com você. Um aspecto sobre as explicações ocultas e místicas sobre a sorte é que em geral elas são pelo menos curiosas, quer você acredite nelas ou não. Também são otimistas (ou talvez ensandecidas), porque sugerem a possibilidade de prever ou controlar a sorte — ou, ainda melhor, de que uma força benevolente como Deus ou um número da sorte pode controlá-la a nosso favor. Ouvimos histórias sobre Deus e números. Vamos passar agora para outras crenças místicas comuns.

***

A *astrologia* é a crença que afirma que os assuntos humanos são influenciados pelas posições, pelos movimentos e pelas relações do sol, da lua, das estrelas e dos planetas. "Se você consegue enxergar uma estrela", afirma Joseph Goodavage, um astrólogo, "sua luz, sua radiação, está alcançando você também. Se a radiação desse astro chega até você, é possível imaginar que esteja influenciando sua vida de alguma forma. Influenciando como? Não sabemos ao certo, como também não sabemos exatamente de que modo a força da gravidade funciona. Mas podemos observar e catalogar os efeitos, e é isso que os astrólogos vêm fazendo há milhares de anos. A astrologia é uma ciência empírica. Sabemos, por observação, que certos padrões no céu produzirão determinados efeitos na vida das pessoas na terra."

Algumas pessoas poderiam acusar Goodavage e seus colegas observadores de estrelas de cometer o pecado natural de selecionar provas. Os astrólogos defendem a ideia, por exemplo, de que as pessoas que nasceram sob o signo solar de Câncer tendem a ter certos aspectos em comum. Para provar esse ponto, oferecem uma lista de cancerianos que apresentam as características corretas. Seu dossiê não inclui (1) cancerianos que não são assim ou (2) escorpianos que apresentam essas características, afirmam os céticos. A resposta de Goodavage é que os céticos estudaram o problema de forma muito superficial, ou que não o estudaram. Se a personalidade e o padrão de vida de determinado canceriano não correspondem ao modelo normal de canceriano, o motivo óbvio (óbvio para os astrólogos, claro) acabará sendo — convenientemente — o fato de que o signo solar daquela pessoa não é a influência mais forte em ação naquele caso específico. Talvez as posições da lua e de Saturno sejam mais importantes na hora e no local de nascimento da pessoa em questão.

Outra astróloga famosa, Madeleine Monnet, fez uma sugestão simples quando a entrevistei. "Tente", ela disse. "O teste precisa ser longo e justo, que dure a vida toda. Você vai ver. Vai funcionar."

Pouco tempo depois, minha esposa, Dorothy, e eu vimos um anúncio intrigante no jornal. Era uma propaganda de um "Horóscopo para ter sorte na vida... O segredo da boa sorte". De acordo com o anúncio, esse novo tipo de horóscopo fora desenvolvido por uma organização que se intitulava Associação Internacional de Astrologia (IAA, na sigla em inglês), com sede em Canton, Ohio. A principal representante da associação era uma astróloga chamada Cary Franks, cujo apelido (dizia o anúncio) era Madame Sorte. Custava dez dólares.

Dorothy mandou um cheque e os detalhes sobre a hora e o local de seu nascimento. A Madame Sorte enviou um livreto de trinta páginas com informações detalhadas sobre anos, dias, horas, cores, números, "áreas de associação" e outros assuntos relacionados à sorte. Era complicado. Um ponto que pareceu se destacar, no entanto, era que um período de boa sorte inesperado estava se aproximando da vida de Dorothy. O período ia de maio a junho de 1976.

"Vamos ficar ricos!", eu disse. Disse a ela para comprar vários bilhetes da loteria. Ela comprou. Não ganhamos um tostão.

Nem nada de extraordinário aconteceu ao longo desse período supostamente sortudo. Na verdade, Dorothy passou por um período de azar enlouquecedor num dia em que a onda de boa sorte dela deveria estar no auge. Ela voltara recentemente a estudar, para concluir a faculdade interrompida anos antes. Nesse suposto dia de sorte, ela tinha prova final de matemática, uma matéria que ela detesta e morre de medo. Tinha duas horas para concluir o exame. Quando recebeu a prova, viu que tinha 16 páginas e entrou em pânico. Em seu afã de terminar dentro do prazo, cometeu erros bobos que não lhe ocorreriam se tivesse tempo de sobra. Só quando chegou à página 8, percebeu que o destino tinha lhe pregado uma peça cruel. A página 8 era a última. Ela tinha recebido duas provas que foram grampeadas juntas.

Conversei com alguns fãs da astrologia sobre essa situação. Eles me repreenderam por projetar minhas próprias suposições e expectativas nas previsões de Madame Sorte, sem qualquer garantia. Madame Sorte havia previsto que o período abençoado seria de sorte, mas não disse que forma a sorte assumiria. Ela não havia prometido que Dorothy ganharia muito dinheiro na loteria, nem que as provas da faculdade seriam fáceis. "Basta esperar para ver", afirmaram os observadores das estrelas. "Antes que o período termine, haveria algum tipo de boa sorte. Provavelmente, surgirá de forma inesperada".

Eles estavam certos. Dois eventos semelhantes e incríveis aconteceram um atrás do outro. Ambos envolveram dinheiro perdido e achado. O primeiro episódio ocorreu alguns dias depois da malfadada prova de matemática. Dorothy estava sentada na escada do lado de fora de um dos prédios da faculdade, esperando uma amiga. A amiga se atrasou, por isso Dorothy começou a ler um livro. Ventava muito naquela tarde. O ar estava cheio de folhas secas, pedaços de papel e outros pequenos lixos. Dorothy estava absorta no livro e prestava pouca atenção ao que estava à sua volta, até ser atingida por alguma coisa no rosto. Ela tentou tirar, mas o vento estava tão forte que não conseguiu. Finalmente, ela afastou o objeto do rosto e viu o que era. Era uma nota de vinte dólares.

De repente, Dorothy percebeu que estava sentada em meio a uma tempestade de dinheiro. Notas de vinte, dez e um dólar: estavam todas voando, varrendo os degraus e o chão, presas contra paredes e arbustos à sua volta. Ela levantou e começou a catar as notas. Ao correr atrás das notas para agarrá-las, Dorothy procurava pistas de onde essa estranha tempestade começara, mas não havia mais ninguém à vista.

Finalmente, não tinha mais dinheiro no chão. Lá estava ela com as duas mãos cheias de notas imaginando o que fazer, quando uma moça assustada saiu correndo do prédio. A moça arregalou os olhos quando viu Dorothy ali confusa ao pé da escadaria.

"Este dinheiro é seu?", perguntou. Sua voz vacilava, como se estivesse à beira das lágrimas.

Dorothy disse que não, que tinha acabado de achar o dinheiro voando.

A moça respondeu: "Ah, graças a Deus!" Seus joelhos tremiam e ela se sentou nos degraus, abalada e aliviada.

Não era o dinheiro dela. Tinha sido coletado com a venda de ingressos para um banquete da turma. Ela estava indo entregar o dinheiro para o escritório que tomaria as providências para o jantar. Tinha colocado no bolso da sua calça jeans. Quando chegara ao escritório, alguns minutos atrás, percebeu, para seu terror, que mais da metade do dinheiro tinha caído do seu bolso e não sabia como.

"Não sei como poderia repor todo o dinheiro", disse a moça a Dorothy, "mal consigo pagar minhas contas. Ah, espero que você tenha conseguido recolher a maior parte."

"Quanto dinheiro está faltando?", Dorothy perguntou.

"Exatamente 122 dólares", afirmou a menina.

Elas contaram o dinheiro na mão de Dorothy. O montante era US$ 122. Ela tinha conseguido recuperar tudo.

Assim — algo que a previsão da Madame Sorte não disse especificamente —, Dorothy tinha se tornando instrumento da boa sorte de outra pessoa. Dorothy ficou muito satisfeita. O sorriso no rosto da moça não tinha preço.

O segundo episódio foi o oposto do primeiro. Nossa família parou uma tarde em uma das franquias de sorvete de beira de estrada da cadeia Carvel. Era um dia quente de verão, e o lugar estava abarrotado de gente de todas as idades, tamanhos e (supostamente) graus de honestidade. Sem saber, Dorothy deixou a carteira cair da bolsa. A carteira tinha US$ 90 em dinheiro, mais sua carteira de habilitação, cartões de crédito e outros documentos e cartões valiosos.

Ela descobriu a perda no dia seguinte. Quando voltamos para a Carvel, o gerente calmamente devolveu a carteira para ela.

Aparentemente, uma sequência bastante surpreendente de eventos havia ocorrido. Muitas pessoas mexeram na carteira, e cada uma delas teve oportunidade de levá-la consigo ou roubar seu conteúdo. Ninguém tinha feito isso. A carteira foi achada no chão ao lado de um rapaz. Ele a entregou para a mãe. A mãe a entregara para uma das atendentes da loja. A atendente colocou a carteira na prateleira. Alguém a colocou em outro lugar. Ainda outro funcionário a entregou para o gerente. Ninguém tirou um centavo sequer da carteira.

Dorothy ficou tão contente que deu uma garrafa de champanhe para o pessoal da Carvel. Imaginei se deveríamos mandar uma garrafa de champanhe para a Madame Sorte como forma de desculpas por nossa primeira avaliação ruim da sua previsão. Pareceu uma boa ideia. Mas, então, em algum lugar, no fundo da minha cabeça, ouvia a voz do meu pai falando sobre girafas de forma muito, muito sensata.

***

Algumas pessoas acreditam que os sonhos trazem informações sobre sinais e presságios do futuro que, se devidamente reconhecidos e trabalhados, poderão ajudar a controlar o que de outro modo seria incontrolável. Existem pessoas que acreditam que os sonhos as ajudaram a ganhar loterias e corridas de cavalos, tomar as decisões de negócios certas, conhecer os parceiros ideais, encontrar artigos de valor perdidos e pessoas desaparecidas, não embarcar em viagens fatídicas — de navio ou avião.

Os sonhos em geral parecem não ter sentido algum, por isso não é surpreendente o fato de que muita bobagem já foi escrita sobre eles. Aparecem em todos os tipos de lugares, das publicações de estranhos cultos místicos às revistas especializadas de psicanalistas. Pior, boa parte dessa grande e entediante bobagem é menos interessante do que a narrativa do sonho. Pior ainda, é um tipo de material que pode estar repleto de imprecisões e mentiras deslavadas, nenhuma delas passíveis de confirmação. Se alguém disser: "Não entrei no Titanic por causa de um sonho que tive de que ia me afogar", não existe forma de garantir se o sonho de fato ocorreu. Um sonho nunca deixa provas concretas de sua existência. Só dá para aceitar a palavra da pessoa que sonhou — e como as pessoas têm muito, muito orgulho de seus sonhos, acreditar na palavra delas nem sempre é prudente.

Por isso, prefiro conversar com pessoas que não querem nem precisam provar nada sobre essas estranhas e irracionais aventuras que nos visitam quando dormimos. Uma dessas pessoas é Charles Kellner, de Hillsdale, Nova Jersey, um artesão que trabalhava com lâminas de metal e hoje é *barman*. Charlie Kellner é um sujeito simpático e tranquilo de aproximadamente 55 anos. Ele gosta de trabalhar em bares frequentados por jogadores e apostadores porque é um colecionador entusiasmado de histórias sobre a sorte. Não tem nenhuma superstição, mas não rejeita a existência de crenças ocultas. Quando uma aventura envolve elementos aparentemente ligados a forças ocultas, ele reconta a história sem qualquer expectativa de convencer os outros. É genial a forma como a conta com um sorriso, convidando seus ouvintes a rir com ele e deixando-os realmente sem saber se ele mesmo está achando graça.

Ele conta uma história intrigante sobre sonhos. "A sorte parece vir em ciclos para mim", diz. "Existem períodos de boa e má sorte. Não é só a sorte que vem em ciclos, mas as coisas — as ideias supersticiosas — que parecem estar atreladas a elas. Como os sonhos. Conheci muitos apostadores de cavalos e outras pessoas que afirmam que os sonhos revelam em que cavalos apostar, mas nunca prestei muita atenção aos meus próprios sonhos, nem nunca os considerei úteis — até o mês passado. Foi quando de repente me vi no negócio dos sonhos. Nunca tinha acontecido antes e nunca mais aconteceu, mas aquele mês foi uma loucura: ganhei mais dinheiro por hora sonhando do que ganhei trabalhando. Minha esposa disse que talvez eu devesse ficar dormindo o tempo todo…"

Tudo começou com um sonho sobre uma casa mal-assombrada. Os sonhos raramente são lógicos, e esse não era exceção. Charlie Kellner comprara uma casa e, todo orgulhoso, a mostrava para um grupo de amigos. Eles não gostaram da casa, e diziam a ele que fora um péssimo negócio comprá-la. Ele queria mostrar aos amigos que não estava com medo. Por algum motivo que o roteiro do sonho não esclareceu, parecia que ele poderia demonstrar total indiferença saindo pela porta da frente e pronunciando em voz alta o número da casa. Era um número de três dígitos: 283. Ficou na frente da casa e corajosamente começou a gritar esse número pela rua toda.

Ao acordar, descobriu que tinha decorado o número. Pelo que ele se lembrava, aquele número não representava nada. Parecia ser apenas uma coleção aleatória de três dígitos reunidos pelo seu cérebro adormecido. Os números ficaram na sua cabeça o dia inteiro, e continuaram assim quando saiu para comprar seu bilhete de 50 centavos do jogo "Pick-It", da loteria de Nova Jersey.

Nesse jogo, é preciso adivinhar um número de três dígitos. Existem vários prêmios para os diferentes resultados parcialmente corretos. O grande prêmio vai para quem acertar os três dígitos na ordem certa.

Charlie Kellner apostou no número 283. "Eu não acreditava no sonho", diz ele, "não tinha nenhuma superstição ou nada do gênero. Mas quando estamos jogando um desses jogos com números, qualquer palpite vale. Imaginei que poderia ser divertido apostar em números que tenham algum significado para você, mesmo um significado maluco." O número 283 foi o vencedor, e o estado de Nova Jersey pagou a Charlie US$ 500.

Algumas noites mais tarde, ele teve um sonho vívido sobre sua mãe, que morrera anos antes. Quando saiu para comprar o bilhete da loteria, no dia seguinte, ele pensou que seria legal apostar no número da casa onde a falecida mãe morava: 539. O número lhe rendeu mais US$ 500.

E assim por diante. Os sonhos nas noites subsequentes mostraram a ele números de três dígitos que lhe renderam mais ganhos na loteria. "Eu estava levando o estado à falência!", afirma Charlie.

Então, o talento misterioso dos sonhos desapareceu de forma tão repentina quanto havia chegado. Charlie nunca mais teve nenhum outro sonho útil para ele. "O que quer que tenha sido acabou", diz, animado. "Na verdade, as coisas acabaram se virando contra mim. Alguns meses atrás, tive um sonho sobre um prédio onde trabalhei no passado. O prédio tinha um número de três dígitos que vi claramente no meu sonho, por isso apostei nele no dia seguinte. Bem, não só perdi meus 50 centavos, mas me dei conta de que me lembrei do número errado. Mesmo que eu tivesse me lembrado do número certo, ainda assim eu teria perdido. Coisas assim servem para mostrar..."

Ele faz uma pausa e aguarda alguns instantes, intrigado. "Bem", finalmente diz, "não sei para que servem essas coisas".

Parte 4

O ajuste da sorte

A busca

E AGORA CHEGAMOS AO âmago de nossa busca

Passamos por esse labirinto, por muitas estranhas e sinuosas vias e, finalmente, chegamos ao local onde é mantido o último segredo. Estamos preparados para perguntar: como podemos mudar nossa sorte?

Como já vimos, existem muitas teorias sobre a sorte e sobre como lidar com ela. Cada teoria tem seus adeptos. Mesmo a teoria da aleatoriedade, com sua aura de ciência respeitável, continua sendo apenas uma teoria. Seus discípulos frequentemente assertivos insistem em afirmar que o que dizem é verdade e que pode ser demonstrado, mas não há como provar esses preceitos. Todas as teorias são semelhantes neste aspecto: não é possível prová-las para quem acredita em outra coisa.

Analisamos algumas das teorias mais comuns sem insistir que devemos escolher uma entre elas. Cada teoria foi apresentada da melhor forma possível, dentro, é claro, das limitações impostas pelo espaço disponível. Cada uma foi explicada e justificada por alguns de seus discípulos mais articulados. É pouco provável que sua visão pessoal da sorte tenha mudado radicalmente desde que começou a ler este livro, pois nunca foi meu propósito defender esta ou aquela teoria em detrimento das outras. Talvez algumas das suas visões preexistentes tenham sido reforçadas ou talvez novas linhas de raciocínio tenham sido sugeridas. Não importa. Continue a acreditar no que quer que seja. Explore o que quer que tenha vontade de explorar. Ninguém aqui vai pedir que você mude seu modo de pensar.

O Ajuste da Sorte tem como objetivo complementar, e não suplantar, a teoria da sorte. Pode funcionar a seu favor, quer você acredite na aleatoriedade, em presságios místicos ou qualquer outra coisa. Não é uma teoria, mas um conjunto de observações.

As observações derivam de uma pergunta: o que as pessoas de sorte fazem que as azaradas não fazem? Apliquei essa pergunta a tantos homens e mulheres nos últimos 20 anos que perdi a conta. O número certamente ultrapassa mil, o que o tornaria uma amostra estatística razoável. Verifiquei minhas observações com psiquiatras, jogadores, especuladores e outras pessoas que supostamente têm algum conhecimento do assunto ou que já pensaram mais sobre o tema do que em geral fazemos. Cada uma dessas pessoas baseia suas observações em sua própria amostra especializada informal — no caso do psiquiatra, por exemplo, em uma amostra de pacientes que passaram pelo seu consultório; no caso do jogador, uma amostragem do número de ganhadores e perdedores.

No fim, existem cinco características impressionantes que distinguem os sortudos dos azarados. Essas cinco características — atitudes em relação à vida e às outras pessoas, manipulações psicológicas internas, formas de falar consigo mesmo — aparecem inúmeras vezes nas histórias de pessoas que parecem apreciar uma boa sorte constante. São características conspicuamente ausentes das histórias dos azarados. Esses são os cinco componentes do Ajuste da Sorte.

Capítulo 1

A estrutura em teia de aranha

UMA ARANHA TECE MUITAS teias para pegar moscas, e, quanto maior a teia, melhor será sua refeição. Assim acontece com aquelas pessoas que conseguem pegar a sorte. Em geral, com algumas exceções, as pessoas mais sortudas são aquelas que se deram ao trabalho de formar uma rede de contatos bem grande. Vamos ver por que isso acontece e como a estrutura em teia funciona.

***

O. William Battalia é um instrumento da sorte. É seu negócio e, na maioria dos casos, um prazer para ele levar a boa sorte para as outras pessoas. A sorte que ele oferece (quando é aceita) quase sempre tem um impacto enorme e é capaz de mudar vidas, e ele geralmente a oferece de forma repentina. Investe em seus alvos de sorte sem aviso prévio, como algum grande pássaro benevolente que aparece no céu azul que estava vazio momentos antes. Ele frequentemente pensa sobre as circunstâncias que o fazem escolher alguém em especial, e não outra pessoa que talvez seja igualmente merecedora. Por trás dessas circunstâncias está a primeira das razões pelas quais algumas pessoas têm mais sorte do que outras.

Bill Battalia é um recrutador executivo (ou, no jargão de negócios, um *headhunter*). Sua firma, a Battalia, Lotz & Associates, está entre as mais conhecidas de Nova York. Seus clientes são grandes empresas, bancos, agências de publicidade, organizações de serviços; a maioria deles é grande e bem conhecida, e todos são ricos. Quando um dos clientes tem uma vaga em nível executivo para preencher e não consegue absorver ninguém da própria empresa, Battalia é chamado. Ele recebe algumas instruções, em geral uma descrição detalhada da pessoa ideal para ocupar o cargo. "Precisamos de um vice-presidente para resolver nossos problemas de vendas", dizem a ele. "A pessoa deve ter entre 40 e 50 anos; deve ter pelo menos 10 anos de experiência como gerente de vendas, com excelente histórico; deve ter tido experiências práticas na venda de produtos de consumo a varejistas; deve falar espanhol tão bem quanto inglês; deve ser atraente e gostar de falar para grupos grandes..."

Em resumo, a empresa quer oferecer uma chance de ouro de crescimento pessoal a algum funcionário ainda desconhecido. O salário e outros benefícios em geral estão acima de US$ 35 mil ao ano, e podem chegar a US$ 100 mil ou mais. Battalia sabe, obviamente, que não fará sentido algum procurar pessoas que já estão ganhando esse salário ou que estejam satisfeitas em termos de futuras perspectivas no emprego. A busca deve ser feita entre pessoas para as quais esse cargo será encarado como promoção — pessoas para quem, em geral, o encontro com ele será um golpe importante, talvez até mesmo colossal, de sorte.

"Sempre tenho certa sensação de frustração quando começo uma busca", diz. "Sempre tenho a impressão de que centenas de potenciais candidatos estão espalhados pelo país em algum lugar, mas desses todos só encontrarei alguns. Na verdade, é mais do que uma sensação, é uma certeza. Algumas pessoas não estão visíveis."

Battalia faz sua pesquisa seguindo muitos caminhos. Ele procura em listas de associações profissionais. Consulta jornais de negócios e publicações especializadas, procurando por pessoas que escreveram artigos nas mais diversas áreas de especialização. Participa de convenções, conferências de negócios, seminários acadêmicos.

Além disso, vale-se do telefone e de cartas, que disseminam a pergunta dele de ponta a ponta dos EUA: "Por acaso, você conhece alguém que...?"

Os candidatos que ele encontrar e apresentar ao cliente serão pessoas que, de alguma forma, conseguiram sobressair. Alguns já fazem isso deliberadamente. São homens e mulheres que prestam especial atenção ao marketing pessoal em suas carreiras. Entram para todas as sociedades e associações que os aceitarem, enviam artigos para publicações profissionais, procuram envolver-se em qualquer tipo de apresentação pública, fazem o que podem para fazer com que seus nomes sejam sempre lembrados. Por trás dessa às vezes frenética atividade está uma esperança conspícua de que serão procurados por pessoas que tenham ofertas de trabalho melhores e mais bem-pagas — pessoas como o *headhunter* Bill Battalia, entre outros.

"Mas de todos aqueles que consigo encontrar", afirma Battalia, "somente uma pequena percentagem empreendeu deliberadas campanhas publicitárias pessoais para me ajudar a encontrá-las. A maioria nunca pensou muito na possibilidade de ser contatado por um recrutador. Muitas dessas pessoas de alguma forma conseguiram se tornar conhecidas de outras pessoas, em geral, sem pensar muito a respeito. É o estilo delas. São pessoas gregárias. Fazem de tudo para ser simpáticas. Conversam com estranhos. São pessoas que gostam de reuniões, encontros, cumprimentos. Adoram começar uma conversa. O jornaleiro para essas pessoas é mais do que um conhecido. Elas sabem seu nome, quantos filhos tem e onde passou as férias. Esse é o tipo de pessoa que procuro".

Battalia e seu ex-sócio, Jim Lotz, costumavam analisar demoradamente a cadeia de circunstâncias que os levava a encontrar um candidato. A maior parte dos casos era cadeias de conhecidos. Uma história particularmente interessante é de Catherine Andrews, uma mulher que começou sua carreira profissional como secretária e, antes dos 40 anos, em virtude do repentino aparecimento de Battalia e Lotz, tornou-se diretora de um banco. Nesse lance único, ela mais do que dobrou de salário e ampliou seus horizontes. Parecia um golpe de sorte absurdo. Mas a análise do histórico do caso mostrou que, sem perceber, ela criara sua própria sorte.

O que torna a história dela mais interessante é o fato de que existia outra vida paralela à sua durante um bom tempo. Essa outra vida era vivida por uma colega de colégio, Evelyn Taylor. Evelyn não tivera sorte na vida. Vivia na obscuridade. Os recrutadores souberam dela só porque Catherine Andrews por acaso mencionou um dia no almoço. Catherine disse: "Não sei por que a boa sorte me persegue assim. Por quê? Por que não acontece com a minha amiga Evelyn?"

As respostas para as perguntas de Catherine são longas.

Ela e Evelyn Taylor cresceram juntas em um subúrbio de Detroit. Foram amigas inseparáveis durante o ensino médio, foram juntas para a faculdade e procuraram emprego juntas. As oportunidades de trabalho para as mulheres eram um tanto limitadas no final da década de 1950, e ambas concluíram que sua melhor esperança para ter renda imediata era se candidatar ao cargo de secretária. Uma companhia de seguros contratou ambas para trabalhar no departamento de cobrança.

Em um ano, as diferenças entre as duas começaram a afetar suas carreiras. Catherine sem dúvida era a mais simpática. Na lanchonete da empresa, na hora do almoço, ela conversava com qualquer pessoa que se aproximasse, na fila do almoço, na mesa ao seu redor. A empresa era grande, e os empregados não se conheciam direito. Catherine gostava de conversar com estranhos e descobrir coisas sobre suas vidas e suas maneiras de pensar. A enorme variedade de tipos humanos era uma diversão para ela, algo que a aliviava do tédio do trabalho em si. Evelyn, por outro lado, não tinha interesse algum por estranhos, a menos que fossem jovens atraentes. Enquanto Catherine conversava com todo tipo de pessoa nas mesas do restaurante, Evelyn ficava do seu lado, falava pouco e parecia entediada.

Um colega com quem Catherine começara uma dessas conversas informais da hora do almoço era um sujeito mais velho que trabalhava no departamento de pessoal. Ele soube duas coisas sobre Catherine em suas conversas ocasionais: que ela estava entediada no seu cargo atual e que tinha ideias originais sobre maneiras práticas de ampliar as oportunidades profissionais das mulheres. Ele cruzou com ela pelo corredor um dia, pareceu ter uma ideia repentina e parou para conversar. Abrira uma vaga no departamento de pessoal. Se ela estivesse interessada, ele poderia ver se conseguia a sua transferência.

Era um trabalho de secretária também, mas tinha algumas características interessantes. Na época, a empresa estava preocupada com as altas e crescentes taxas de rotatividade entre as mulheres. Tomaram a decisão de entrevistar cada mulher que pedia demissão e, se possível, descobrir quais eram suas críticas e como o trabalho poderia ter sido mais atraente para ela. A vaga no departamento de pessoal incluía a responsabilidade de conduzir essas entrevistas.

Catherine aceitou. Para Evelyn, ainda no setor de contabilidade, pareceu que a transferência fora um golpe de pura sorte. Catherine também achou. "A oportunidade veio de alguém que eu mal conhecia", pensou anos depois. Sim, foi sorte. Mas ela tinha se colocado em uma posição de receber essa sorte tornando-se conhecida por muitas pessoas. Ela não tinha como saber de antemão quais dessas pessoas lhe dariam alguma chance, ou quando ou de que forma seria. No entanto, ao criar uma rede de contatos, uma teia com muitos fios, tinha aumentado as chances estatísticas de que algo por fim acontecesse.

Depois de dois anos no cargo, Catherine conseguiu se libertar do que chama de "armadilha de secretária" e assumiu outras responsabilidades. Tornou-se entrevistadora em horário integral, conversando com empregados que partiam e candidatos a emprego. Alguns anos mais tarde, por meio do processo normal de promoção, tornou-se diretora adjunta de pessoal. Por escolha e atribuição, suas principais áreas de responsabilidade eram lidar com problemas especiais e ampliar as perspectivas profissionais das mulheres na empresa.

Embora tenha achado difícil, uma das funcionárias que ela entrevistou foi Evelyn, uma entrevista de saída. Evelyn havia encontrado outro emprego de secretária, mas que pagava melhor. Não tivera nenhuma onda de sorte na vida. Tinha se casado e se divorciado. Hoje ela continua trabalhando como secretária.

Catherine quase casou, em duas oportunidades, na década de 1960, mas nos dois casos desistiu porque previu que haveria conflitos entre sua carreira e o futuro marido. A carreira dela continuou a ser abençoada pela boa sorte. Um dia, o telefone tocou. Uma voz masculina disse: "Sra. Andrews? Meu nome é Bill Battalia..."

Como e por que Battalia chegara até ela? É uma história intrigante.

O cliente de Battalia, um banco, precisava de uma diretora para o departamento de pessoal e estava disposto a pagar bem pela pessoa certa. O banco vinha passando por dificuldades bem desagradáveis e custosas advindas de questões envolvendo discriminação sexual entre os empregados. As instruções de Battalia eram para que encontrasse um executivo experiente que, entre outras habilidades, tivesse domínio completo dos direitos trabalhistas das mulheres e tivesse demonstrado capacidade de atender às necessidades das mulheres sem aborrecer os homens. Uma fonte de informações contatada por Battalia era uma professora universitária que escrevera sobre seus problemas em uma publicação acerca das relações trabalhistas. Quando Battalia explicou a ela o que procurava, a professora pareceu pessimista no começo. "A maioria dos meus contatos está no mundo acadêmico", afirmou. "Pessoas como eu. Talvez eu conheça muito os problemas, mas quanto à experiência prática que você está procurando..." A professora fez uma pausa e, de repente, disse: "Ah! Acabei de lembrar que conversei com uma mulher aqui na semana passada. Tivemos um seminário sobre direitos trabalhistas e problemas relacionados ao trabalho. Tivemos uma boa participação de gente das empresas. Essa moça era de uma empresa perto de Detroit, acho, e me falou sobre algumas inovações interessantes que estava desenvolvendo no seu trabalho. Deixa ver se consigo me lembrar o nome dela..."

O nome da moça era Catherine Andrews. Ela tinha participado do seminário como parte de um programa de educação contínua. Fiel ao seu próprio estilo, Catherine conversara com todas as pessoas ao seu alcance. Tinha falado com a professora numa noite quando as duas estavam atravessando o pátio rumo ao mesmo auditório. Ela contara sobre o sucesso que estava tendo ao reduzir a rotatividade na empresa pela metade por meio de um sistema de entrevistas informais na hora do almoço, reuniões para expor queixas de todo tipo e outras técnicas. A professora ficara interessada, ao mesmo tempo encantada e envolvida pela simpatia contagiante de Catherine.

Foi apenas mais um contato para Catherine Andrews; mais um de centenas de outros que ela estabelece normalmente todos os anos. Ela não podia imaginar que a sorte grande chegaria por intermédio dessa desconhecida professora universitária. Mas, se não tivesse sido pelo seu hábito de falar com todo mundo, a sorte nunca teria encontrado Catherine.

***

Se você espera esbarrar em alguma oportunidade de ouro por intermédio de um estranho, de um conhecido ou de um amigo de um amigo, a verdade ilustrada pela história de Catherine Andrews parece óbvia. Quanto maior sua teia de contatos amigos, maiores serão as chances a seu favor. Não há como saber que raio de boa sorte está sendo preparado agora mesmo por algum distante mecanismo do destino. Não há como saber que complexa interconexão de relacionamentos humanos guiará o raio em sua direção. Mas há como saber, com certeza, que a probabilidade de você ser atingido pelo raio é diretamente proporcional ao número de pessoas que sabem o seu nome.

Parece óbvio. Ainda assim para muitas pessoas, talvez para a maioria delas, não é. Não é mesmo óbvio para algumas das próprias pessoas agraciadas pela sorte. Catherine Andrews é um exemplo típico. Seu hábito de conversar com todo tipo de gente que cruza seu caminho não foi deliberadamente desenvolvido para trazer sorte. Ela fazia contato com as pessoas pelo contato em si. Ela simplesmente gostava. Só em retrospecto ela percebeu que esse era o principal canal pelo qual a sorte grande fluía em sua vida.

Kirk Douglas e Charlie Williams, cujas histórias você há de lembrar, são semelhantes nesse aspecto. Nenhum dos dois parou para pensar se deveria ou não criar uma rede de contatos para ter boa sorte. A grande chance de Douglas, aquela que o tirou da obscuridade e abriu as portas para sua carreira espetacular, veio por intermédio de um contato anterior com a então desconhecida atriz chamada Lauren Bacall. Ela era apenas uma das muitas pessoas que o gregário jovem ator conhecia. Com sua simpatia, ele aumentou as chances de encontrar alguém como Lauren Bacall — alguém cuja própria boa sorte poderia mais tarde se traduzir em boa sorte para Kirk Douglas. O pobre Charlie Williams, por outro lado, era um inveterado solitário com pouquíssimos contatos amigáveis. A probabilidade de ele ser agraciado com a sorte por intermédio de outra pessoa era extremamente pequena.

O Dr. Stephen Barrett, de Allentown, estado da Pensilvânia, é um psiquiatra que analisou bastante a diferença entre os sortudos e os azarados. Ele acredita que as pessoas de sorte são um grupo que não só tem jeito, mas o hábito de iniciar contatos amigáveis com frequência. Também são pessoas com certo magnetismo que as torna alvo de simpatia de outras pessoas. Dr. Barret chama esse magnetismo de "campo da comunicação... Parece dizer: 'Venha falar comigo, seremos bons amigos'".

Muitas das pacientes do Dr. Barrett são adolescentes e universitárias. Durante muitos anos, ele ficou intrigado com o "fenômeno das moças sem namorado" — um fenômeno que é familiar em todos os grupos de jovens, mas que poucos conseguem explicar. A menina que nunca é convidada para sair talvez seja tão inteligente e bonita quanto as amigas mais socialmente ativas — na verdade, em alguns casos, ela pode estar entre as mais atraentes do local. De modo superficial, sua condição solitária pode parecer um caso aleatório de falta de sorte — o rapaz certo ainda não apareceu — ou ser atribuída às circunstâncias à sua volta: pertencer ao grupo errado ou ter uma mãe rigorosa demais.

Todavia, segundo Dr. Barrett, a causa do problema está no seu jeito — um campo da comunicação — que assusta os rapazes, deixam-nos desconfortáveis e os afastam. "Esse mesmo campo da comunicação pode afastar as outras meninas também. Ela pode ser uma pessoa totalmente solitária — mas para ela o desconcertante nisso tudo é que ela não quer ser solitária nem entende por que está nessa condição. Já atendi muitas moças assim no meu consultório."

Em que consiste esse campo da comunicação? Dr. Barrett acredita que pode haver centenas de componentes: expressões faciais, posturas do corpo, tons de voz, escolha de palavras, maneiras de usar os olhos e sustentar a cabeça. Esse grupo de maneirismos é difícil de analisar isoladamente, mas o efeito total é visível para as outras pessoas. "Todos sabemos instintivamente se alguém gosta ou não da gente", afirma o Dr. Barrett. "Sabemos quando alguém é simpático ou não, caloroso ou frio. Podemos encontrar um estranho completo e saber em apenas alguns segundos se esse estranho quer ou não passar mais tempo com a gente. Em geral, as pessoas que são consideradas sortudas — pessoas a quem oportunidades são oferecidas o tempo todo — são aquelas cujo campo da comunicação é convidativo e confortável".

Apesar de algumas tentativas recentes de analisar a "linguagem corporal" e reduzi-la a uma ciência, não é possível fingir um campo da comunicação amigável. Não importa a largura do seu sorriso ou quanto suas palavras são carinhosas, as pessoas conseguem identificar rapidamente qualquer sinal de falsidade. Elas não sabem explicar como, mas terão certeza de suas conclusões. Essa é uma das primeiras lições que todos os vendedores profissionais aprendem. Tom J. Watson, fundador da IBM e provavelmente um dos vendedores mais brilhantes da história do planeta, costumava passar esta lição para os jovens recrutas: "Se você não gostar genuinamente do seu cliente, são grandes as chances de ele não comprar com você." Parecia um conselho tolo e simplista para alguns dos aprendizes mais sofisticados, e alguns ficavam cansados de ouvi-lo e pediam demissão — que era a intenção de Watson desde o princípio. Todo vendedor de sucesso considera o conselho de Watson uma verdade absoluta. Se você não gosta de estranhos, não adianta fingir, porque nada conseguirá ocultar esse fato e você não terá muito futuro como vendedor.

Um motivo pelo qual a falsidade não faz sucesso, , é que pelo menos alguns elementos do seu campo da comunicação não estão sob controle voluntário. O tamanho das suas pupilas, por exemplo. Dr. Eckhard Hess, um psicólogo da Universidade de Chicago, vem estudando esse fenômeno específico há anos. Ele considera que o tamanho das pupilas não é afetado unicamente pela intensidade da luz, mas pelo fato de você gostar ou não do que está fazendo. Quando você olha para algo ou alguém de quem gosta, suas pupilas dilatam. Quando você não gosta do que vê, as pupilas se contraem. Hess acredita que essa mudança de tamanho é um dos sinais mais reveladores que as pessoas enviam e recebem umas das outras, inconscientemente. Os olhos, é claro, estão entre os instrumentos de comunicação mais importantes. Falamos sobre os olhos com adjetivos como calorosos, brilhantes, cortantes, frios e assim por diante. Dr. Hess acredita que fazemos esses julgamentos emocionais unicamente com base no tamanho das pupilas. Se você conversar com alguém e suas pupilas estiverem pequenas, você talvez seja considerado uma pessoa antipática, mesmo que esteja com um largo sorriso estampado no rosto.

Como você não pode andar por aí com colírio para dilatar as pupilas, e como outros elementos do seu campo da comunicação sem dúvida também são difíceis de esconder, o que pode ser feito no caso de seu campo precisar de ajustes? Conselho do Dr. Barrett: "É mais fácil mudar do que se pensa. Certamente não há necessidade de fingir."

Ele conta a história de uma universitária que o procurou porque estava deprimida com o que parecia ser uma condição de solidão crônica. "Ela tinha um lindo rosto", lembra o Dr. Barrett. "Se você tivesse visto uma foto dela no livro do ano da faculdade, teria pensado que a moça deveria ser a mais disputada entre os rapazes. Mas não era esse o caso. Ela se sentia sozinha. Sentia-se uma forasteira que não fazia parte do grupo."

Ela e o Dr. Barrett conversaram sobre seus sentimentos em relação às outras pessoas. Esses sentimentos, como o de todo mundo, eram complexos. O Dr. Barrett, psiquiatra honesto que é, não tenta encontrar uma explicação simplificada para eles. Mas, nesse caso, alguns dos fatos essenciais pareciam ser que ela temia a rejeição, ela temia ouvir que não gostavam dela, ou que não era querida, e, por isso, não se arriscava a fazer novos contatos a não ser quando necessário. O medo da rejeição acabou causando rejeição. Seu campo da comunicação parecia dizer: "Não se aproxime. Tenho medo do contato, porque tenho medo de você não gostar de mim. Será menos arriscado para nós dois se você se afastar."

Dr. Barrett disse a ela o que considera uma verdade absoluta sobre os seres humanos: que estamos instintivamente dispostos a gostar das pessoas e ajudar uns aos outros. Seu conselho para a moça foi que ela deveria se esforçar mais para conversar com as pessoas, incluindo estranhos, e observar o quanto elas queriam interagir e ser aceitas. "Não dá para contabilizar todas as mudanças que ocorreram com essa moça depois disso", diz ele, "mas sei que a mudança no seu campo da comunicação foi rápida". Na semana seguinte à sua consulta com o Dr. Barrett, a jovem praticamente abandonada foi convidada para sair quatro vezes.

Dr. John Kenneth Woodham, um psicólogo de Nova Jersey, é outro estudioso do que chama de "síndrome do solitário". Ele concorda com a proposição de que a boa sorte muitas vezes chega por intermédio de outras pessoas e que uma pessoa solitária, portanto, dificilmente terá sorte na vida. "De qualquer modo", afirma, "não é divertido ser solitário mesmo não levando em conta o fator sorte. Ouvimos falar de lobos solitários que estão supostamente felizes com sua condição, mas nunca conheci ninguém assim. Não acho que o ser humano goste de isolamento. É por isso que estimulo as pessoas a sair e a conversar bastante, não só com gente conhecida, mas também com estranhos. Sobretudo estranhos. Se você tem medo dos outros ou tem medo de ser rejeitado, a cura mais rápida é sair e fazer contato. Observe o que eu disse: 'cura'. Um psicólogo só usa essa palavra quando está absolutamente certo do que quer dizer. Quando você sai em busca de outras pessoas, a troca é muito gratificante. Quanto mais experiências desse tipo você tiver, mais gostará desses encontros."

E quanto mais você gostar, maiores estarão suas pupilas. Se você acha que sua rede de contatos anda pequena demais, o conselho do Dr. Woodham seria começar a falar com pessoas desconhecidas, aleatoriamente, sobre qualquer assunto. Ele ressalta um fato peculiar: que uma das maneiras mais rápidas de fazer um estranho sorrir é pedir ajuda, mesmo que seja a mais banal possível. Perguntar a hora certa resulta não só em uma resposta factual, mas algo a mais: "Bem, são quase dez e dez. Acho que a hora está certa porque acertei meu relógio pelo rádio hoje de manhã..." Ao acrescentar essas informações, o estranho está dizendo que acha bom conversar com você. Os varejistas adoram quando alguém lhe pede conselho sobre os produtos vendidos na loja. Talvez a melhor forma de começar uma conversa a bordo de um avião seja pedir alguma dica sobre hotéis na cidade de destino.

Assim começa a crescer uma rede de contatos. A grande maioria das pessoas que você conhece o divertirá e depois sairá da sua vida, para nunca mais ser vista ou ouvida. No entanto, algumas podem voltar para trazer boa sorte.

Um dos pacientes do Dr. Woodham era um viúvo de meia-idade solitário cujos filhos tinham crescido e indo embora de casa. Sua vida parou. Ele parecia temer que ela logo acabaria. A pedido do Dr. Woodham, o homem fez um esforço deliberado para conversar com as pessoas com mais frequência. Uma mulher com quem ele conversou era dona de uma loja onde ele normalmente comprava cigarro. Ele via essa mulher havia anos — a loja ficava na esquina onde ele pegava o ônibus para o trabalho —, mas nunca dissera nada além de "Bom dia", o nome da marca de cigarro que queria e "Obrigado". Ele passou a fazer comentários banais sobre o tempo, foi estimulado pela resposta simpática da senhora e lentamente aumentou o tempo das conversas. Em poucas semanas, estavam se tratando pelo primeiro nome e conheciam alguns detalhes triviais um do outro. Um detalhe que ele apresentou foi que seu passatempo favorito era colecionar moedas.

Ele passou na loja um dia de manhã e encontrou a dona ansiosamente lhe esperando. Ela informou que uma amiga dela, que vivia nas redondezas, estava com um problema. O pai da amiga havia morrido, deixando uma casa antiga de herança. Em um quarto dilapidado no porão, aparentemente esquecido pelos avaliadores da propriedade, ela encontrara uma caixa do que pareciam ser moedas europeias muito antigas. Ela não tinha ideia de quanto valiam ou do que fazer com elas. "Lembrei que você disse que era colecionador de moedas", disse a dona da loja. "Não existem avaliadores de moedas na cidade e... bem, pensei que você talvez pudesse..."

O homem podia, e foi. A amiga da dona da loja era uma atraente viúva da idade dele e também sofria com a solidão. Hoje eles estão casados.

Além disso, a coleção de moedas europeias era bem valiosa. Mas esse não é o fim da história. A sorte, quando chega, parece que vem acompanhada por ondas generosas. O homem não queria a coleção europeia porque sua especialidade eram moedas americanas, por isso sua nova esposa a vendeu. O casal usou o dinheiro para ir para o norte do estado do Michigan, uma região que adoravam, e resolveram alugar uma cabana à beira do lago para passar um mês de lua de mel. Enquanto estavam lá, o homem comprou um bilhete da loteria do Michigan e ganhou US$ 25 mil.

Capítulo 2

Intuição

A INTUIÇÃO É UM estado da mente que permite que o indivíduo sinta algo que parece ser conhecimento, mas não é totalmente confiável. Algumas pessoas confiam em suas intuições mais do que outras, e, dessas intuições confiáveis, algumas acabam sendo precisas, enquanto outras não. É óbvio que a capacidade de gerar palpites precisos e depois confiar neles e agir conforme essa intuição seria fantástica para produzir a "sorte". As pessoas de sorte como um grupo têm essa capacidade em grau avançado.

A intuição parece misteriosa, mas não é. Ela pode ser explicada em termos racionais. Melhor ainda, existem provas contundentes de que ela pode ser aprendida.

***

Conrad Hilton, o homem do hotel, conquistou seu monumental sucesso em parte por causa de uma capacidade intuitiva tão refinada que às vezes parecia oculta. Ele sempre negou haver qualquer força paranormal atuando a seu favor ou em sua volta, mas às vezes admitiu ficar confuso.

"Na maior parte do tempo, consigo reconstruir as circunstâncias de um desses palpites", declarou uma vez, "e normalmente entendo em linhas gerais de onde eles vieram. Quero dizer, consigo explicar — não completamente, mas o suficiente para que não pareça tão estranho. Houve momentos, entretanto, em que não consegui encontrar uma boa explicação..."

Ele estava tentando comprar um velho hotel certa vez em Chicago. O proprietário estava recebendo os lances lacrados com propostas de compra. Todos os lances seriam abertos em determinada data, e o hotel seria vendido para quem fizesse a maior oferta. Vários dias antes do prazo final, Hilton enviou a oferta de US$ 165 mil. Ele foi dormir naquela noite sentindo-se ligeiramente perturbado. Na manhã seguinte, acordou com um forte palpite de que sua oferta não seria vencedora. "Não me sentia bem", disse ele depois, impotente, quando pediram que explicasse a situação. Agindo com base nessa estranha intuição, ele apresentou outra proposta: US$ 180 mil.

Foi a melhor oferta. A segunda melhor oferta foi de US$ 179,80 mil.

***

Dolores N., bancária na Filadélfia, tem vinte e tantos anos e é solteira. Ela considera viver um estado de sorte. Quase se casou há dois anos, e fala desse episódio como se tivesse escapado de um terrível acidente. "Se eu tivesse casado", diz ela, "teria sido um desastre. Ele se casou com outra mulher depois que desmanchamos o noivado, e hoje está na cadeia e cheio de dívidas, tentando cuidar de um bebê, bebendo demais — da pior forma possível. Se não fosse pela graça de Deus..."

Alguns homens e mulheres parecem ter sempre azar no amor. Dolores N. considera-se sortuda, e atribui isso à sua intuição. "Alguns o chamam de intuição feminina, mas acho besteira. Existem homens que têm intuição e mulheres que não têm. Como esse sujeito com quem quase me casei. Minha irmã gostava dele e minha mãe também. E a pobre mulher que acabou se casando com ele. Mas comigo foi diferente, tive um pressentimento do nada..."

O homem, Ted, era gentil e encantador. Dolores o conheceu em uma festa dada por um de seus colegas de trabalho no banco. Ele disse que trabalhava para uma agência de relações públicas. Depois de um namoro muito rápido, ele a pediu em casamento, e ela aceitou.

Eles se encontravam praticamente todas as noites depois do trabalho, geralmente reunidos em restaurantes perto do escritório dele ou dela. "Até cerca de uma semana antes do casamento, eu estava apaixonada por ele", Dolores lembra. "Mas uma noite tive uma intuição repentina. Ainda não sei como nem por quê. Era uma noite como qualquer outra. Estávamos jogando conversa fora, como qualquer casal, e fazíamos planos para o futuro. Bebemos algumas taças de vinho, e ele foi ao banheiro. Enquanto eu estava ali sentada sozinha à sua espera, este estranho pensamento surgiu: Tem alguma coisa errada. Tem alguma coisa estranha."

A parte lógica da mente dela, a parte que exigia fatos tangíveis, desprezou a intuição e procurou afastá-la de si. Mas ela voltou no dia seguinte. Impulsivamente, durante a sua pausa para o café no meio da manhã, ela ligou para o escritório de Ted. A mulher que atendeu disse: "Infelizmente, ele não trabalha mais aqui."

Dolores ainda não tinha fatos específicos para apoiar sua intuição, mas sabia que esta ficava cada vez mais forte e estava mais detalhada do que antes. Ela pensou consigo mesma: "Ted está metido em algum tipo de dificuldade financeira crônica. Se eu casar com ele, certamente terei problemas."

Ela cancelou o casamento. Claro que foi horrível. O mais doloroso era que ela não tinha como oferecer a Ted qualquer explicação racional de seu desejo de terminar o noivado. Mas ela confiou no seu palpite e foi em frente. Ted desapareceu da sua vida.

Ela conheceu alguns de seus amigos e conhecidos durante o namoro, e, ao longo do ano seguinte, tentou descobrir quem Ted realmente era.

No fim, descobriu que ele era um jogador compulsivo. Ele estava afundado em dívidas com família, amigos, bancos e agiotas. Tinha sido demitido do emprego de relações públicas pelo fraco desempenho. Dizia no escritório que ia visitar um cliente e, em vez disso, passava o dia apostando em cavalos.

Dois anos depois de Dolores dispensá-lo, ele foi condenado por falsificação de cheques e mandado para a cadeia.

***

C. C. Hazard é um corretor de ações aposentado. Ele tem bastante dinheiro. Quando as pessoas perguntam como também podem vencer no mercado de ações, ele indica o livro que escreveu: *Confessions of a Wall Street Insider*. O livro, como o próprio Hazard, é espinhoso e argumentativo, e não foi bem-recebido em Wall Street quando lançado, alguns anos atrás. Um de seus principais temas é que pequenos investidores, como você e eu, não teremos muito a ganhar se contratarmos serviços de consultoria, estudarmos as estatísticas de mercado, analisarmos gráficos, ouvirmos previsões econômicas de Washington ou aplicarmos a lógica de qualquer outra forma. Hazard sustenta que o mercado é um mecanismo da emoção e não da razão, e, portanto, seus movimentos não podem ser previstos por meios racionais.

Como então podem ser previstos? Às vezes, diz Hazard, por pura intuição. "Levei muito tempo para aprender a confiar nos meus palpites", ele me disse uma vez. "Quando cheguei a Wall Street na década de 1950, passei por todas as etapas racionais — analisei o PIB etc. —, mas se eu tivesse lançado uma moeda para decidir em que investir, teria dado no mesmo. Várias vezes me vi indo contra um palpite, e acabava sempre me arrependendo. Todos os grandes especialistas estavam dizendo que o mercado ia subir, todos eles munidos das razões mais lógicas e racionais possíveis, e eu apostava com eles mesmo se achasse que estavam errados. No fim, eles estavam errados — não sempre, mas um número suficiente de vezes para me fazer duvidar da lógica. Finalmente, pensei: 'Ora, se essas técnicas racionais não são melhores do que jogar uma moeda, meus palpites não podem ser piores.' Comecei a ouvir meus palpites e não me arrependo".

Hazard teve um grande palpite no final de 1968. Ele não sabe ao certo quando o palpite começou a importuná-lo, mas se lembra de tê-lo articulado pela primeira vez em uma sexta-feira à noite, no Oscar's Delmonico, um ponto de encontro histórico não muito longe da Bolsa de Valores de Nova York. Tinha sido uma semana agitada, com grande volume de negociação nas bolsas, e o bar estava lotado de corretores, especialistas, operadores de fundos, especuladores e outros profissionais da área — alguns deles bêbados, a maioria deles felizes, todos falando alto e ao mesmo tempo.

"Eu estava bebendo com dois amigos", Hazard recorda, "mas eles saíram e me deixaram sozinho. Minha esposa estava na Costa Oeste naquela semana visitando a família. Eu não queria ir para casa, então fiquei no bar para outra rodada. Eu estava ali no meio daquela multidão com meus próprios pensamentos quando de repente um baixinho ao meu lado, um sujeito que eu nunca tinha visto antes, nem nunca mais vi depois daquele dia, se virou para mim e disse: 'Nossa, como o mercado está aquecido, não acha?' Ele estava sorrindo de orelha a orelha e pareceu contente a ponto de subir no balcão e sair dançando. Bem, eu também deveria estar feliz. Ganhei tanto dinheiro na década de 1960 que é até imoral, e 1968 pareceu o melhor ano de todos os tempos. Mas eu não conseguia entrar no mesmo clima do baixinho. E, de alguma forma — veja bem, é maluquice — de alguma forma, em vez de me animar com suas palavras entusiasmadas, o cara me assustava."

Hazard não conseguiu ainda identificar a fonte de seu medo repentino. Ele acha que pode ter havido uma qualidade histérica oculta no rosto, na voz ou nos gestos do rapaz. "O que quer que fosse, reforçou a sensação que vinha me incomodando havia semanas. Quando olhei ao redor do bar para todos os outros caras falando alto, senti a mesma coisa assustadora no ar. A única maneira que posso descrever esse sentimento é que ele me lembrou de quando meus filhos eram pequenos e costumávamos construir torres de blocos de madeira coloridos. Fazíamos competições entre nós. Nós nos revezávamos para construir a torre, um bloco de cada vez. A torre ia crescendo e ficando cada vez mais oscilante. Quem colocasse o último bloco e derrubasse a torre perdia. A sensação que tive no bar era a mesma de trabalhar em uma torre alta. Quanto mais alto fica a torre, mais divertido é o jogo e maior é a animação dos participantes. Ao mesmo tempo, aumenta a tensão no ar. Você sabe que a torre vai cair muito em breve. Foi isso que senti em 1968. Tive essa sensação de que haveria momentos terríveis pela frente. Havia esse estranho nervosismo no ar."

Poucos analistas racionais estavam fazendo previsões desse tipo quando 1968 terminou. Hazard, no entanto, vendeu quase todas as suas ações. O mercado começou a cair logo depois.

Em meados de 1970, a maior parte das ações de Hazard valiam menos de metade do valor pelo qual ele as tinha vendido. Algumas ainda não tinham recuperado o valor na primeira edição deste livro.

***

De onde vem um palpite exato? Muitos psicólogos e outros especialistas no assunto acreditam que podem explicá-lo sem recorrer a explicações parapsicológicas ou ao ocultismo. Basicamente, a teoria é a seguinte: uma intuição é uma conclusão que se baseia em dados perfeitamente reais — em fatos objetivos que foram observados, armazenados e processados em sua mente. Os fatos nos quais se baseiam a intuição, no entanto, não são conhecidos. São armazenados e processados em algum nível de consciência apenas abaixo ou subjacente ao nível consciente. É por isso que um palpite vem com essa peculiar sensação de ter certeza de alguma coisa, sem saber por quê. É algo que você sabe, mas não sabe como sabe.

Entre os mais articulados estudiosos desse intrigante tema está um psicólogo de Nova York, Dr. Eugene Gendlin. De ascendência russa, moreno e elegante, Dr. Gendlin passou a maior parte de sua vida profissional estudando esse nível não muito consciente da consciência. Ele desenvolveu toda uma nova abordagem terapêutica em torno desse estudo. Se ele me permite dar uma descrição simplificada do seu trabalho em prol da brevidade, pode-se dizer que ele ensina os pacientes a "intuir" seu caminho para superar os problemas. Desenvolveu técnicas para deliberadamente sondar esse profundo repositório de dados escondidos, o lugar de onde vêm os palpites. Ele diz que qualquer pessoa pode aprender a fazer isso. Na verdade, num livro em que descreveu sua abordagem, ele afirma surpreendentemente que terapeutas como ele não são necessários, exceto talvez nos casos de perturbação mais severa. Assim que você aprende a "se concentrar" — o termo que ele usa para descrever o processo de investigação —, torna-se seu próprio terapeuta para sempre.

Uma definição de "sorte" poderia ser: ter sorte significa ser alguém cujos problemas emocionais nunca são graves o suficiente para ensejar ajuda profissional. Sorte é ter uma vida serena, com ocasionais momentos brilhantes de alegria. Dr. Gendlin acredita que as pessoas de sorte, nesse sentido, são muitas vezes aquelas que descobriram intuitivamente como ter acesso a esse poço de conhecimento oculto dentro de si mesmas. Ele não está interessado em pessoas que têm palpites sobre o mercado de ações, mas em pessoas que têm a capacidade generalizada de "sentir" seu caminho na vida e seus problemas, e que sempre escolhem o melhor caminho para si mesmas. Sua técnica de "foco" foi criada para produzir serenidade, e não dinheiro. Para fins do nosso estudo sobre a sorte, no entanto, não há necessidade de fazer tal distinção. Um palpite é um palpite. Se você pudesse aprender a ter palpites de forma eficaz, poderia usar essa técnica para qualquer finalidade importante.

Gendlin, ao explicar sua abordagem, começa salientando que temos acesso a muito mais dados todos os dias do que pode ser armazenado em nossa mente consciente. Por exemplo, pense em qualquer homem ou mulher que teve um papel de destaque em sua vida. Existem milhares, provavelmente milhões de informações que descrevem a forma como você percebe essa pessoa — tantas coisas que levaria anos para listar, mesmo se pudesse recuperá-las todas de memória. Incluem dados sobre a aparência física, a voz, os gestos e trejeitos, as atitudes, as formas de pensar, as respostas emocionais, as preferências no trabalho, as opções de diversão, comida, roupas, carros. Incluem dados sobre as interações entre essa pessoa e você — todas as vezes em que estiveram juntos alegres, irritados, entediados, preocupados, com medo. A lista seria interminável, literalmente, porque novos dados chegam todos os dias sempre que vocês entram em contato. Apesar da enorme extensão da lista, ela fica armazenada em algum lugar dentro de você e é imediatamente recuperável. Se desviar agora o olhar do livro e invocar uma visão dessa pessoa, ela aparecerá em sua mente — inteira. Todos os dados estarão de alguma forma ali; tudo que estiver relacionado a "João" ou "Maria" para você.

De onde vieram os dados? Obviamente, não de sua própria mente consciente — nem do cérebro pensante, que processa dados isoladamente. Se você encontrar esse amigo na rua, vai reconhecê-lo imediatamente — e, além disso, sentirá uma resposta emocional apropriada àquela pessoa e a todas as circunstâncias passadas e presentes. Esse rápido processo de reconhecimento e reação ocorre sem nenhum raciocínio intelectual de sua parte. Há dados demais envolvidos para o raciocínio consciente. O processo ignora sua mente racional quase inteiramente.

O exemplo mostra que é possível saber algo sem ser capaz de explicar como — sem ser capaz de listar todos os dados discretos que sustentam essa sensação de saber. Suponha que eu lhe pergunte que pistas você utiliza para reconhecer seu amigo na rua. Você analisa o formato do nariz? A maneira de andar? O sinal na bochecha? As roupas amassadas? Você teria de responder que todas essas pistas e outras incontáveis se combinam para formar a impressão instantânea. Você não sabe que usa nem como as reúne. No entanto, se eu sugerisse que você talvez tenha se enganado ao identificar essa pessoa — que suas provas factuais são frágeis para ser confiáveis —, você acharia graça. Quando encontra seu amigo, tem certeza de quem encontrou. Sem saber como, você sabe.

Outro exemplo. Seu amigo liga para você. Ele nem precisa dizer o nome. Ao ouvir apenas algumas palavras, você reconhece a voz dele. Como? Se tentasse descrever a voz para mim, para que eu também pudesse reconhecê-la, talvez achasse a tarefa impossível. Na verdade, a companhia telefônica de Nova York uma vez tentou descobrir como as pessoas conseguem reconhecer as vozes umas das outras no telefone, e entrou em desespero. Descobriu-se que o processo de reconhecimento não depende de dados conscientemente conhecidos. No entanto, apesar da falta de dados concretos, não se tem a menor dificuldade de identificar uma voz familiar ao telefone. Sabe-se quem está falando.

Esse tipo de conhecimento é uma espécie de palpite. É algo que você sabe, mas não sabe como sabe.

Um palpite é feito de dados que não podem ser trazidos para o nível consciente — fatos impossíveis de enumerar ou identificar, ou cuja confiabilidade não dá para comprovar para mais ninguém (nem para você). No entanto, se o palpite for bom, fatos realmente existem. Eles são armazenados em algum lugar dentro de nós. É frustrante não acesso a eles para inspecioná-los. Mas o simples fato de que não estão disponíveis não anula o poder e a utilidade do palpite. Pode-se dirigir um carro sem necessariamente saber como o motor é montado.

Visto dessa forma — como derivado de dados objetivos não conscientemente conhecidos —, um palpite torna-se menos misterioso — o palpite de Conrad Hilton sobre a proposta para a aquisição do hotel, por exemplo, poderia ter brotado de grandes quantidades de fatos armazenados em sua mente. Ele trabalhou a vida inteira no ramo hoteleiro. Desde que comprou seu primeiro hotel ainda jovem, no Texas, vinha acumulando conhecimento sobre o negócio: milhões de fatos, muito mais do que sua mente consciente poderia conciliar de uma vez. Além disso, na hora de fazer a proposta para aquele hotel de Chicago, sem dúvida, ele conhecia bem os vendedores e os concorrentes — mais uma vez, um conhecimento que não sabia expressar em fatos específicos. Quando seu cérebro racional reuniu alguns fatos e preparou a proposta, a outra parte de sua mente vasculhou um enorme depósito de outros fatos e concluiu que a oferta era muito baixa. Ele confiou no palpite e o resultado foi excelente.

A intuição de Dolores N. sobre Ted deve ter surgido de forma semelhante. O palpite pode ter sido baseado em detalhes observados que seu cérebro pensante considerou triviais: algumas coisas que Ted dizia, talvez certos maneirismos, um jeito de desviar os olhos em resposta a certas perguntas ou questionamentos dela. Esses detalhes, dispensados como sem importância, foram esquecidos — mas nem tanto. Saíram de um nível de consciência para outro. Em algum lugar do cérebro, eles foram processados, analisados e comparados com outros fatos. O resultado foi um palpite que lhe dizia: "Tem alguma coisa errada."

Com relação a C.C. Hazard, como todo bom vendedor, ele é uma alma gregária que passa os dias conversando com todo mundo, ouvindo o que têm a dizer e observando seus potenciais clientes. Faz contato com dezenas de pessoas em um dia médio de trabalho, milhares por ano. Sua mente consciente não tem condições de guardar todas as impressões pessoais que absorve, mas a outra parte de sua mente o faz. Ele os armazena, classifica e os transforma gradualmente para uma única impressão cumulativa. E, finalmente, como em 1968, gera um palpite aparentemente misterioso: "certo nervosismo no ar... momentos terríveis pela frente..."

Essa forma não propriamente consciente de processar dados costumava estar associada a uma característica feminina chamada de "intuição feminina". Alguns anos atrás, a revista *Vogue* reuniu alguns psiquiatras e outros especialistas para um simpósio sobre esse tema polêmico. O consenso do grupo foi que o talento intuitivo não é necessariamente mais forte em um sexo do que no outro, mas que, até recentemente, era mais forte nas mulheres por causa da forma como a sociedade era construída. Os homens se orgulhavam do que consideravam ser sua razão superior. Como corolário, suprimiam seus sentimentos. Qualquer manifestação emocional, mística, vaga, era considerada feminina ou, na melhor das hipóteses, não propriamente masculina. As mulheres, a maioria das quais tinha pouca chance de usar seu cérebro pensante nas sociedades antigas (e que eram muitas vezes ridicularizadas quando o faziam), sentiam a necessidade de mostrar que eram superiores aos homens de outras formas. Uma dessas maneiras era a "intuição feminina".

Ela: "Joe e Jane estão tendo um caso."
Ele: "Como você sabe disso?"
Ela: "Eu sei e pronto."
Ele: "Não faz sentido. Você não tem nenhum fato concreto..."

Cada sexo apresentava sua posição expressando o que considerava ser suas qualidades especiais. O homem exigia fatos objetivos, porque essa era uma atitude bem masculina. A mulher, ao demonstrar sua capacidade intuitiva, preservava seu "mistério" e sua medida de poder sobre o homem. Ambos os sexos concordaram que a intuição era uma característica feminina, pois ambos lucraram com a noção. Alguns remanescentes dessa distinção entre os sexos ainda estão vivos hoje, mas parece improvável que durem muito tempo.

A diferença entre os sexos era que muitas mulheres encorajavam esse processo em si mesmas e ficavam à vontade com isso, enquanto muitos homens não o faziam. No entanto, alguns homens brilhantes descartaram a tradição masculina e admitiram que a intuição era uma parte importante de seu equipamento de sobrevivência. Conrad Hilton é um exemplo. Alfred P. Sloan é outro, talvez o mais brilhante dos presidentes da General Motors até hoje. Perguntaram a Sloan se ele poderia compilar todos os fatos necessários para tomar decisões sensatas sobre questões importantes, como, onde localizar uma nova fábrica, quantos carros montar, quanto gastar em publicidade. Sloan respondeu francamente que ele não tinha como reunir todos os fatos relevantes e que sequer tentava. "O ato final de uma decisão de negócios", disse ele, "é intuitivo".

***

As palavras de Sloan aplicam-se bem à maioria das decisões que tomamos todos os dias. Queiramos ou não, a vida nos obriga a lançar mão da intuição constantemente por meio de decisões grandes e pequenas. Devemos aceitar esse trabalho? Será que esse corretor de imóveis está me dizendo a verdade quando diz que não tem um vazamento no porão? Será que essa mulher vai se aborrecer se eu...? Raramente temos fatos suficientes. Raramente podemos fazer deduções e tomar decisões racionais. Ao contrário de Sherlock Holmes, que sempre conseguia fornecer uma explicação lógica a cada uma de suas conclusões, nós, pensadores comuns, muitas vezes nos vemos fazendo escolhas que não conseguimos explicar muito bem. "Comprei a casa porque achei que era boa ideia." As pessoas de sorte, como um grupo, muitas vezes acabam sendo aquelas cujos palpites são confiáveis em momentos críticos da vida. São pessoas que nunca compram casas com um vazamento no porão. Nunca compram uma lata velha. Nunca compram ações pouco antes da baixa. Nunca ficam presas nas filas mais lentas nos balcões dos aeroportos. A vida doméstica, social, sexual e econômica dessas pessoas é serena.

Se deseja ter boa sorte, o talento intuitivo é um fator útil, se não essencial. Como desenvolvê-lo?

Existem três regras principais a serem seguidas.

Regra nº 1: aprenda a avaliar a base de dados

Um palpite surge do nada: uma forte sensação de que isso ou aquilo é verdade. Como saber se o palpite é confiável? A primeira parte da resposta, nas palavras de C.C. Hazard, é: "Eu me pergunto até que ponto a base de dados subjacentes é sólida. Obviamente, não sei em que fatos se baseia meu palpite e não tenho esperança de descobrir. O que posso fazer é perguntar se esses fatos existem. Pergunto: é concebível que eu tenha reunido uma gama abrangente de informações sobre determinado assunto sem perceber? Será que eu estava em posição de coletar esses fatos? Embora não os veja, é razoável supor que eles existem? Se a resposta for sim, e se o palpite for forte, tendo a confiar nele."

Neste livro, conversamos com pessoas que tiveram palpites bons sobre os resultados da loteria e de máquinas caça-níqueis. Para Hazard, é irrelevante o fato de essas pessoas terem ganhado. Ele nunca confiaria nesse tipo de palpite. Não há possibilidade de um palpite assim surgir de fatos armazenados em você. Não existem fatos sobre o resultado futuro de sorteios na loteria ou sobre a mistura aleatória de códigos em algum momento futuro dentro da máquina caça-níqueis. Qualquer palpite dessa natureza, portanto, seria descartado como suspeito.

Tirando um exemplo da própria Wall Street, que Hazard aprecia tanto, considere a peculiar história de Jesse Livermore — um especulador famoso que prosperou no mercado de ações no início do século XX. Ele era conhecido por seus palpites corretos que ele mesmo não tinha condições de explicar nem tentava. Seu palpite mais conhecido veio em meados de 1906. Sem saber o motivo, ele de repente ficou convencido de que o preço das ações da Union Pacific estava prestes a cair. Assim, procurou um corretor de ações e vendeu milhares de ações a descoberto. (Para quem não está familiarizado com o jargão do mercado de ações, basta dizer que a venda a descoberto é uma manobra arriscada na qual o investidor pode ganhar muito dinheiro quando o preço das ações despenca — mas que pode levá-lo rapidamente à falência, caso o preço suba.)

De acordo com relatos contemporâneos, Livermore parecia intrigado pela própria atitude que tomou naquele dia. Ele tinha mesmo de ficar intrigado. O mercado estava em alta, e a Union Pacific era uma das ações mais quentes no pregão. Não havia um bom motivo que justificasse a venda a descoberto. Ainda assim, no dia seguinte, ainda parecendo um pouco confuso, voltou ao corretor de ações e vendeu mais tantos milhares de ações a descoberto.

Um dia depois, em 18 de abril, São Francisco foi atingida por um terremoto de proporções catastróficas. Enormes quantidades de equipamento e potenciais ganhos da Union Pacific ficaram enterrados sob os escombros. O preço das ações despencou como pedra, e Jesse Livermore saiu US$ 300 mil mais rico dessa operação.

Uma análise em retrospecto nos diz que o palpite estava certo, mas não quer dizer que ele estivesse certo ao arriscar seu dinheiro assim. Nenhum fato sobre um terremoto iminente poderia estar disponível antecipadamente. O palpite não se baseou em dados concretos. Arriscar a falência por causa dele provavelmente foi besteira.

Na verdade, Livermore foi à falência mais de uma vez na sua vida agitada. Seus palpites nem sempre foram bons, sobretudo no fim da vida. Ele perdeu muito dinheiro no final da década de 1930. Uma tarde, logo depois do Natal de 1940, talvez remoendo sua recente falta de sorte, entrou em um hotel de Nova York, tomou alguns drinques, entrou no banheiro e se matou com um tiro.

Em última análise, seus palpites devem ser considerados não confiáveis — mesmo aqueles que estavam certos. Não eram confiáveis em termos do tipo de palpite que estamos discutindo aqui — o tipo que presumivelmente está fundamentado em fatos objetivos e em processamento lógico. Esse tipo de palpite pode ser considerado "racional". Se você acredita ou suspeita da existência de forças psíquicas ou ocultas, é claro, diria que os palpites racionais não são os únicos possíveis. O outro tipo — como os de Jesse Livermore — pode ser rotulado de "paranormal". Quem quer que confie em fenômenos paranormais indicaria o incrível palpite de Livermore no caso das ações da Union Pacific e insistiria que existe algo por trás dele — não fatos objetivos, mas outra coisa. Sem dúvida alguma, esse palpite estava corretíssimo.

Não cabe aqui defender ou condenar a paranormalidade. Se você acredita em tais forças, elas talvez possam ajudá-lo; se não acredita, provavelmente não serão de grande ajuda. Mas todos podemos aproveitar nossos talentos intuitivos. Voltaremos ao tema da paranormalidade em breve. Por ora, vamos estudar os palpites racionais e o problema de avaliar o banco de dados.

"Um palpite só será bom se refletir as experiências passadas que o geraram", afirma a Dra. Natalie Shainess, uma psiquiatra de Nova York que estudou as diferenças entre as pessoas que se consideram sortudas e as que se consideram azaradas. "Só é possível confiar na intuição se você já teve alguma experiência com o mesmo tipo de situação. Eu, por exemplo, uso muito a intuição para tratar os pacientes. Tenho palpites sobre o que vai ou não funcionar. Confio nesses palpites, porque tenho uma longa experiência nessa área. Considero que são percepções reais em um nível não consciente. Mas, se eu tivesse um palpite sobre uma área que não domino — digamos, sobre como ganhar dinheiro com futuros da soja —, eu não confiaria muito nele. Não pode ser uma percepção real".

Quando surge um palpite, vale a pena perguntar se existem fatos subjacentes disponíveis. Pergunte se você poderia ter absorvido dados sobre a situação. Essa é a Primeira Regra. Outras regras secundárias podem ser derivadas dela:

Corolário 1
Nunca confie em um palpite sobre alguém
que você acabou de conhecer

As pessoas azaradas tendem a assumir compromissos com base nas primeiras impressões. As pessoas de sorte são menos apressadas e analisam melhor as situações.

Se você acaba de conhecer alguém e já desenvolveu algum palpite sobre a honestidade, a boa vontade ou a inteligência da pessoa em questão, ou outros traços de personalidade característicos, desconsidere-o como não confiável. Provavelmente, você não teve tempo hábil para absorver uma quantidade suficiente de dados. Amor à primeira vista é divertido, mas depende muito da sorte. Ter uma segunda ou terceira impressão é melhor. A análise em retrospecto, quando revela alguma coisa que não foi vista em um primeiro contato, pode ser dolorosa.

Nunca comprometa seu dinheiro ou suas emoções com base em um palpite à primeira vista. Vamos supor que você queira comprar um carro novo. Vários modelos e fabricantes atraem sua atenção. Sua principal preocupação é com a qualidade e a prestação de serviços de manutenção. Quando algo dá errado com seu carro novo, como saber como será tratado? Um representante de vendas o impressiona por ser honesto, sincero, disposto a se empenhar para lhe agradar. Será que vale a pena confiar nesse palpite?

Claro que não. Se o homem for um bom vendedor, será um bom ator. Ele sabe como deixar uma boa primeira impressão. Pergunte em quais fatos seu palpite estaria fundamentado. Talvez se baseie apenas em lembranças irrelevantes. Talvez o rosto daquele homem lembre você de alguém que conheceu no passado e de quem gostava.

Deixe o talão de cheques de lado. Volte e converse com o homem pelo menos mais uma vez. Apareça de surpresa. "Sinta" o clima da loja. Ouça-o falar com os outros potenciais compradores. Nada disso vai garantir que você comprará o carro no lugar certo, mas certamente melhorará as chances de fazer uma boa escolha. Em uma segunda ou terceira visita, talvez certas ondas de dúvida abalem o primeiro palpite. Se isso acontecer, talvez fosse o caso de procurar outro vendedor.

Corolário 2
Nunca recorra à intuição por preguiça

Primeiro descubra tudo que puder sobre a situação que exige uma decisão sua. Mergulhe de cabeça nesse processo. Procure os fatos relacionados à decisão em questão. Tente se decidir primeiro com base em dados conhecidos. Se não puder, recorra à intuição, mas só depois disso.

Lembre-se do comentário de Alfred P. Sloan: "O ato final de uma boa decisão de negócios..." A palavra "final" é importante. Para que esse ato final gere resultados úteis, é preciso trabalho e dedicação. O desejo de contornar qualquer tipo de envolvimento — que pode ter várias causas, inclusive pura preguiça — gera palpites muito ruins. São palpites sem fundamento factual. Na verdade, sequer são palpites. São apenas devaneios.

Uma pessoa que defende esse ponto é o psiquiatra da Universidade da Califórnia, o Dr. William Boyd, que lecionava em um curso chamado "Apostas, riscos e investimentos especulativos". O Dr. Boyd é fascinado pelo fenômeno da intuição. Ele o estudou, particularmente entre jogadores compulsivos, que quase sempre usam seu talento intuitivo de forma equivocada — e, quase sempre perdem.

Existem muitas teorias sobre os tormentos emocionais enfrentados pelos jogadores compulsivos e pelas pessoas que "atraem" acidentes e outras azaradas. Uma teoria defendida — em qualquer festa em que o assunto venha à tona — é que essas pessoas alimentam um desejo inconsciente de punição e autodestruição e, assim, fazem de tudo para criar situações em que acabarão se dando mal. Esse desejo de autopunição pode existir em algumas pessoas, mas são poucas as evidências para comprovar a teoria. Em todas as minhas pesquisas sobre a sorte, em diferentes histórias de vida e teorias, nunca conheci ninguém que quisesse perder. Os achados do Dr. Boyd parecem muito mais fáceis de aceitar. Ele afirma: "Os jogadores compulsivos em geral são pessoas que, entre outras coisas, não gostam de trabalhar. Muitos trabalharam e se esforçaram bastante no passado, mas a recompensa foi muito ruim. Eles se sentiram 'otários': seu pior medo é se sentirem assim de novo, por isso relutam em empenhar qualquer esforço às suas atividades. Querem as coisas sem fazer nada em troca. Dependem do que chamam de 'palpites' — premonições vagas que, em geral, acabam sendo equivocadas, é claro."

O Dr. Boyd afirma que uma vez teve um paciente que, durante determinado período, estudou e usou com sucesso o "Sistema Thorp" de contagem de cartas no jogo vinte e um. Inventado por um matemático, o professor Edward O. Thorp, funciona tão bem que o pessoal dos cassinos "desencorajam" seu uso de forma bem rude e chegam até a retirar um "contador" do recinto quando conseguem identificá-lo. No entanto, dominar o sistema requer trabalho — horas e horas de muito empenho. "Meu paciente finalmente abandonou a tática", afirma Dr. Boyd. "Ele admitiu que dava trabalho demais. Voltou ao velho sistema de confiar nos seus 'palpites' e perder".

Todas as vezes em que você pensar em agir com base no que considera um palpite, pergunte-se com toda a sinceridade se está inventando uma desculpa para evitar um estudo mais completo — ou para evitar as pessoas que poderiam responder as suas perguntas. Palpites falsos desse tipo geraram rios de lágrimas em Wall Street, por exemplo. Você pode sonhar em ter o tipo de sorte de Jesse Livermore (ou a precognição, ou o que quer que seja), mas contar com isso seria tolice. É comum encontrarmos especuladores fracassados que confiam nesse tipo de palpite. Pessoas assim dizem a si mesmas: "Tenho um palpite que as ações subirão", e compram sem fazer qualquer pesquisa mais aprofundada sobre os preços daquelas ações. Isso ajuda a explicar os motivos do fracasso. Um palpite sem uma base sólida de dados por trás não é racional.

Uma excelente descrição de um palpite de sucesso foi apresentada pelo editor de finanças Chris Welles em seu livro de 1975, *The Last Days of the Club*. Welles conta a história de Fred Mates, um gestor de fundos mútuos que alcançou sucesso espetacular nos anos de especulação desenfreada da década de 1960. Um associado de Mates disse a Welles: "Fred observa determinada empresa durante muito tempo, coletando informações de revistas técnicas e de negócios... e de muitas outras fontes. De repente, ele recebe mais uma informação qualquer e anuncia que a empresa 'cheira bem', nas suas palavras. Quando ele tenta explicar o motivo, dá para entender 90% do que ele diz. Os outros 10% são muito subjetivos. É a área em que o artista entra em ação."

É a área em que surgem os palpites. Mates não sabia como explicar sua intuição, assim como acontece com outras pessoas com talento intuitivo. Mas sabia que só dá para confiar em um palpite se ele se basear em dados concretos.

Como outros fundos especulativos, a onda de sorte do fundo de Mates acabou quando o mercado em alta morreu em 1969. Mates por fim saiu de Wall Street e abriu um bar de solteiros, explicando para Welles que "as pessoas querem beber para esquecer as perdas no mercado de ações". É difícil dizer por que o brilhante talento intuitivo dele de repente desapareceu. Talvez um motivo tenha sido o fato de Mates ter violado a Segunda Regra.

Regra nº 2: nunca confunda um palpite com um desejo

Se um palpite diz que algo é verdade, e se você quer muito que aquilo seja verdade, tome cuidado com o palpite.

"Muitos dos palpites ruins são desejos disfarçados", afirma a Dra. Natalie Shainess. Esse é o segundo motivo pelo qual ela rejeitaria seu palpite hipotético sobre "ganhar muito dinheiro com futuros da soja". Quando palpites e desejos pipocam na sua mente, causam grande confusão e são muito parecidos.

O Dr. Boyd relata que essa confusão é um dos maiores problemas enfrentados por especuladores e jogadores fracassados. "Quando queremos muito determinada coisa", afirma, "é fácil se convencer de que vai acontecer. Um jogador diz o seguinte: 'Tenho um palpite que vou ganhar nos cavalos na semana que vem.' Pergunto o motivo e ele diz: 'Bem, já estou perdendo há tanto tempo que minha sorte precisa mudar. Estou sentindo que vai mudar.' Não faz sentido discutir com o cara. O desejo é a mãe do palpite. Ele aposta alto nos cavalos e perde tudo de uma vez."

Não é possível ter certeza absoluta sobre um palpite, é claro. A própria natureza do palpite revela que ele foi formado por fatos desconhecidos, correlacionados de maneira desconhecida. Mas é possível analisar o palpite, senti-lo em toda a sua expressão, testar sua força e composição. Um executivo de uma cadeia de *fast-food* tem um método para isso: ele tenta derrubar seu palpite.

"Discuto com ele", afirma. "Repito comigo mesmo 'Olha só, você só quer dar a franquia para este cara porque o filho dele é doente, e você tem pena dele. Ele é fraco. Em um mercado rico, ele se daria bem, mas se um grande concorrente se instalasse do outro lado da rua, ele ficaria se lamentando. Além disso, ele é desleixado. Deixaria a loja tão malcuidada que afastaria os bons clientes. Acabaria sendo frequentado somente por adolescentes...' Até tento imaginar o sujeito fazendo tudo errado. Monto cenas na minha cabeça — mesas engorduradas, o garçom insultando os clientes e assim por diante. Eu me pergunto: 'Será que isso é possível?' Depois espero alguns dias e vejo o que meu palpite me diz. Em geral, ele diz: 'Não, não é possível'. Mas, algumas vezes, ouço: 'Sim, poderia acontecer.' A boa impressão que tive da pessoa perde a força. Então, preciso reavaliar tudo, e talvez acabe desistindo daquela pessoa."

Talvez você não ache necessário nem útil passar por um processo semelhante de atacar seus próprios palpites. O passo mais importante de todos é o primeiro: reconhecer que você está numa situação em que pode haver confusão entre um palpite e um desejo. Quando tiver essa consciência, tomará mais cuidado.

Regra nº 3: deixe espaço para os palpites crescerem

Os palpites são feitos de fatos, mas surgem como sentimentos. De acordo com o Dr. Eugene Gendlin: "Muitas pessoas — talvez a maioria delas — não estão em contato com seus próprios sentimentos." Isso sem dúvida é um dos motivos pelos quais homens e mulheres, talvez a maioria deles, não tenham um talento intuitivo bem-desenvolvido. Para tal, você precisa saber ouvir seus sentimentos, respeitá-los, dar ouvidos a eles. Esta regra provavelmente é a mais crucial das três.

Corolário 1: não destrua um palpite com a lógica

Essa é a principal lição que o Dr. Gendlin procura passar para seus pacientes. O problema dos pacientes é chegar à raiz de alguma dificuldade pessoal e sentir qual direção devem seguir. O Dr. Gendlin orienta o paciente a sentar-se em silêncio, relaxadamente, e, na medida do possível, suspender todos os processos intelectuais. "Não tente analisar nada", recomenda. "Não intelectualize. Não use a lógica. Não diga 'deve ser...' Não diga 'X é verdade, então Y também deve ser verdade'. Pergunte o que você sente sobre a situação. Deixe os sentimentos fluírem livremente." Um sentimento sobre determinada situação, afirma o Dr. Gendlin, sempre contém muito mais informação sobre a situação do que pode ser obtido pelo intelecto. O sentimento é o total armazenado sobre aquela situação específica, da forma como mente e corpo a perceberam. É uma massa rica de fatos e impressões, muitos dos quais não podem ser descritos por palavras. Se você sempre insistir em abordar os problemas e decisões de maneira analítica, lidando apenas com aquelas partes que podem ser articuladas e relacionadas a fatos conhecidos, estará impondo a si mesmo enormes restrições. É como procurar petróleo com um equipamento de perfuração que só atinge três metros de profundidade. A maior parte da riqueza está mais no fundo.

As pessoas de sorte, como grupo, sabem como investigar esses sentimentos nas profundezas em que os palpites ficam escondidos. A mensagem positiva do Dr. Gendlin é que qualquer pessoa pode aprender essa técnica. Ele ensina os pacientes a entrar em contato com um sentimento enorme, vago e generalizado, e depois se "concentrar" em partes cada vez menores. Da forma como explicou o processo em várias publicações especializadas e no seu livro *Focusing*, funciona mais ou menos assim:

Você se pergunta:

"O que sinto sobre esta situação?"

O sentimento responde (talvez não com palavras):

"Assustado, preocupado."

Você pede que o sentimento se defina de forma mais detalhada:

"Assustado como?"

A resposta, possivelmente sem palavras:

"É uma sensação de que estou perdendo o controle sobre as coisas, como se eu estivesse tentando segurar alguma coisa, sem conseguir, pois ela começa a cair à minha volta."

Você continua a investigar:

"Qual é a pior parte?"

Você começa a descobrir:

"Está relacionado a George. Tenho um palpite de que ele está tramando algo contra mim quando não estou por perto."

"Tramando contra você, como assim?"

E por aí vai. Você não pergunta os motivos nem pede explicações, só investiga qual é o sentimento. As pessoas intuitivas passam por um processo parecido em todos os pontos de decisão de suas vidas. As crianças tendem a tomar decisões e a discernir verdades por meio de palpites. À medida que amadurecem, algumas crianças preservam essa habilidade, enquanto outras anulam a intuição com raciocínio analítico, talvez porque esse comportamento pareça mais razoável e adulto. Na verdade, atitudes como essa são estimuladas pelos pais.

Filho: "A Susan não gosta de mim."
Pai: "Como você sabe?"
Filho: "Eu sei."
Pai: "Mas o que ela faz? Cospe em você? Chuta você?"
Filho: "Não, nada desse tipo. Ela é simpática e tudo. Mas é que... ah, não sei."
Pai: "Mas isso é besteira! Você não tem motivo algum para..."

Assim, alguns de nós perdemos um talento inato. Ficamos com vergonha de usá-lo. Perdemos a vontade de confiar nele.

Corolário 2: reúna todo tipo de informação

Alguns fatos são sentimentos e impressões abstratas — ou, para usar uma palavra da moda na década de 1960, "vibrações". Fatos concretos — os objetivos e públicos, parecem mais reais para muitas pessoas. Muitas delas, como resultado, levam em conta apenas os fatos concretos em suas análises e descartam qualquer outra observação como irrelevante, trivial ou não confiável. Se você normalmente restringe sua análise a esse ponto, seu talento intuitivo não se exercita.

Um casal vai a uma festa. Mais tarde, um amigo comum pergunta como foi a festa.

O homem informa: "Bem, George e Evelyn estavam lá, e Ed e Fay e... foi um churrasco e tanto..."

A mulher diz: "Foi divertido rever tantos velhos amigos, mas havia certa frieza no ar. Tive a sensação de que estávamos todos competindo uns contra os outros. Sabe, todo mundo se gabando de quanto progredimos desde os velhos tempos, e de como nossos filhos são inteligentes..."

O homem ficou restrito aos fatos concretos. A mulher está lidando com os sentimentos. Se alguém os desafiar a produzir provas de que suas observações são precisas, o homem, é claro, terá muito mais material para apresentar. A mulher talvez não consiga levantar prova sequer das suas impressões. É preciso coragem para reunir impressões que não podem ser sustentadas por provas concretas — e esse pode ser um dos motivos pelos quais o homem não o faz. Mas se esse casal mais tarde fosse chamado para tomar uma decisão difícil sobre alguém presente naquela festa, é provável que a intuição da mulher fosse um ponto de partida mais confiável.

"A capacidade de perceber vibrações melhora com a prática", afirma um psiquiatra de Nova York, o Dr. Abraham Weinberg. Muitos dos pacientes do Dr. Weinberg são corretores e especuladores de Wall Street. Ele passou boa parte da sua vida profissional tentando entender por que alguns deles têm palpites mais corretos sobre o mercado de ações do que outros, e conclui que os mais bem-sucedidos são aqueles que, entre outras coisas, reúnem impressões e fatos concretos para tomarem suas decisões. "Para ser bom nisso, você tem de praticar todos os dias, em todas as situações", afirma. "Continue se forçando a perceber mais do que consegue ver. Pergunte-se sempre: 'Quais são as vibrações aqui, o que estou sentindo?' Muitas pessoas debocham desse enfoque porque as vibrações não parecem fluir dos cinco sentidos. Parecem ocultas, místicas. Mas as vibrações — ou impressões, se preferir (impressões variáveis) são bem reais. Para usá-las, você precisa ficar receptivo a elas."

O Dr. Weinberg suspeita que essas "vibrações" às vezes podem ser parcialmente telepáticas na natureza. Como vimos, outros pesquisadores compartilham dessa visão. Mas ele admite que não é necessário explicá-las em termos de fenômenos extrassensoriais. Podem ser explicadas como algo normal: fatos observados que foram coletados em outro nível de consciência.

Minha explicação preferida não recorre aos fenômenos psíquicos — e é por isso que prefiro chamar esses fatos de "impressões", em vez de "vibrações". Se você achar a ideia da percepção extrassensorial atraente, essa abordagem não faz diferença alguma. Qualquer que seja sua explicação favorita, o mundo dos sentimentos e das impressões existe. É um mundo bastante enriquecedor para todos aqueles que se derem ao trabalho de usá-lo.

Capítulo 3

Audentes fortuna juvat

"A FORTUNA FAVORECE OS AUDAZES", diz o velho aforismo latino. À primeira vista, isso parece uma grande besteira. Supõe-se que a máxima tenha sido cunhada por um general romano que tentava injetar ânimo nas suas tropas desestimuladas para a batalha do dia seguinte. Parece otimismo vazio, um bando de palavras de estímulo sem qualquer fundamento de fato. Pois é óbvio que a fortuna, embora às vezes sorria para os audazes, outras vezes os fustiga. Um lema oposto que também pode ser considerado verdadeiro é: "Não se arrisque e não se machucará" — ou, como costumávamos dizer no exército: "Nunca seja voluntário".

Contudo, eis um fato estranho. Como grupo, as pessoas de sorte tendem a ser audazes. Os homens e as mulheres mais tímidos que já conheci nas minhas andanças também tiveram, com raras exceções, menos sorte na vida.

Por que isso acontece? Podemos destacar, em primeiro lugar, que a sorte provavelmente cria a ousadia. Se a vida não machucou você demais, provavelmente está mais disposto a se arriscar do que alguém cuja fortuna sempre veio de mão beijada.

No entanto, também funciona de outro modo. A ousadia ajuda a criar a boa sorte. O velho aforismo latino não é verdadeiro em todos os casos, mas acaba contendo vários elementos verdadeiros muito importantes. Vamos analisá-lo e verificar em que consiste. *Audentes fortuna juvat*.

A turma de 1949 da Universidade de Princeton comemorou seu 25º aniversário de formatura em 1974. Os formandos de 49, como se chamavam, sempre foram um grupo coeso e introspectivo que gostava de se reunir para saber o que andavam pensando e fazendo. Seu aniversário de 25 anos de formatura era a ocasião para uma enquete detalhada e complicada, que revelava algo sobre a sorte.

A vida e a sorte tinham, é claro, produzido muita alegria e tristeza para os formandos de 49 naqueles 25 anos desde que desafiaram o mundo como adultos independentes. Em junho de 1949, a turma de formandos tinha cerca de 770 jovens esperançosos. Na época da comemoração dos 25 anos, aproximadamente 25 desses rapazes havia falecido — mortos na guerra, em acidentes ou por doenças; vítimas dos últimos e irrevogáveis caprichos da sorte. Outros 40 estavam "perdidos", segundo a associação de ex-alunos, sem ninguém saber onde estavam ou o que acontecera com eles. Dos 700 restantes, cerca de um terço preencheu o questionário anônimo comemorativo dos 25 anos de formatura.

Uma pergunta talvez fosse mais difícil de responder do que as demais. Esta pedia que cada homem voltasse no tempo e se tornasse novamente aquele jovem da Cerimônia de Formatura, em 1949.

Era um dia fresco de junho, repleto de sonhos e mistérios. O jovem sobe na plataforma para receber seu diploma. O reitor da universidade aperta sua mão, entrega-lhe o certificado de conclusão do curso e lhe oferece um presente especial.

O jovem não é obrigado a aceitar o presente se não quiser. É uma bola de cristal de precisão garantida. Com essa bola, o jovem verá o homem em que se transformará dali a 25 anos, em 1974. A bola de cristal revelará tudo que for importante para o futuro homem: as conquistas profissionais e financeiras, as satisfações no amor e no casamento, as relações familiares e sociais, o estado de saúde, toda a galáxia de prazeres e dores humanas. O jovem aceita o presente. Ele olha para a bola de cristal e se vê no futuro, em meados da década de 1970. A pergunta é: qual é sua reação?

A surpresa é boa? Será que o futuro homem é o que esperava que fosse? Será que fica desapontado ou indiferente?

Cerca de dois quintos dos entrevistados achavam que o jovem teria reagido com surpresa e prazer. Outros dois quintos acharam que ele teria ficado contente, mas não surpreso: o resultado 25 anos depois era em geral o que ele havia planejado ou previsto. O quinto restante considerou que o jovem ficaria desapontado ou indiferente.

Os primeiros dois quintos — o grupo dos surpresos — talvez possam ser chamados de sortudos. Esses homens estavam no lugar certo, na hora certa. A vida os tratara melhor do que eles esperavam. Em contraste, o grupo dos desapontados ou indiferentes não foi tratado tão bem quanto esperado. Talvez em alguns casos isso tenha acontecido porque suas expectativas eram altas demais em 1949. No entanto, como regra geral, esse grupo menor talvez pudesse ser chamado de azarado. Por vários motivos, menos eventos agradáveis ocorreram com esses homens do que com outros.

Por quê? Provavelmente, a falta de uma boa estrutura de contatos contribuiu para esses resultados frustrantes em muitos casos, e a falta de um talento intuitivo, em outros. A enquete não oferecia formas confiáveis de avaliar tais fatores. Mas parecia demonstrar outra coisa: o grupo dos azarados não era ousado.

Essa conclusão veio de uma incrível correlação com outra pergunta na enquete distribuída aos formandos de 1949. A pergunta envolvia o número de empresas diferentes em que o jovem tinha trabalhado (no caso de assalariados) ou em quantos empreendimentos diferentes ele havia se lançado (se autônomo) desde a formatura. No fim, os homens que responderam a essa pergunta com os números mais altos, no geral, eram os que mais se consideravam sortudos. De todos os homens que avançaram com ousadia pela vida — aqueles que tiveram seis ou mais empregos desde a formatura, ou que iniciaram seis ou mais empreendimentos diferentes —, a maioria achou que teria uma agradável surpresa ao olhar para a bola de cristal em 1949.

Dos homens que trabalharam apenas para um empregador ou que lançaram apenas um empreendimento, um número bastante grande se considerou desapontado ou indiferente.

Essa correlação deve ser interpretada com cuidado. Não se pode afirmar como verdade universal que mudar de emprego com frequência leve à boa sorte — ou, de outro modo, que é má ideia trabalhar a vida inteira numa única empresa. Como veremos, tudo isso depende de como a mudança de emprego é encarada ou conduzida. Também não podemos afirmar que todos os homens e mulheres que já tiveram muitos empregos ou deram início a muitos negócios são, unicamente por esse critério, ousados.

Nenhum dos formandos de 1949 que se incluíram no grupo dos surpresos tinha mudado muito de emprego. Todos achavam que as mudanças profissionais os levaram a alcançar metas pessoais — ou pelo menos que a última mudança proporcionara isso. Assim, podemos dizer que as mudanças nas vidas desses homens foram em geral conduzidas da forma certa para gerar resultados de sorte.

Conduzidas como? Com ousadia. Os formandos sortudos tiveram sorte em parte porque não tiveram medo de assumir riscos na vida — em alguns casos, de assumir riscos com muita frequência. Essa afirmação, se considerada isoladamente, pode levar a crer que esses homens sortudos eram meros apostadores que por acaso conseguiram vencer. Mas a afirmação não deve ser analisada fora de contexto, pois existem muitos tipos diferentes de risco — os dois principais tipos são o inteligente e o burro. A ousadia é uma parte importante da boa sorte, mas deve ser o tipo certo de ousadia — controlada por outros mecanismos internos. A maior parte dos homens que ficaram agradavelmente surpresos, na verdade, apresentava esse tipo de ousadia.

Como membro da turma de 1949 em boas condições de vida, e como escriba da turma, venho conversando sobre esse questionário com outros colegas desde que foi realizado.

Também conversei com outros observadores da vida, da sorte e do caráter. Pensando bem, o velho clichê latino sobre a sorte e os audazes era verdade no final das contas.

Regra nº 1
Esteja sempre a postos para identificar oportunidades de sorte

"Quando terminei a faculdade", afirma um dos formandos de 1949, "eu seguia à risca os princípios da velha Ética do Trabalho. Sabe como é, não se desviar do caminho, olhar sempre para a frente, escalar a mesma maldita montanha por mais que você escorregue. Mas, por volta dos 30 anos, de repente, me dei conta de que a Ética do Trabalho é a receita certa para a má sorte — ou pelo menos para jogar fora a boa sorte. As pessoas mais ricas que conheço não viveram suas vidas em linha reta, mas seguiram vias tortuosas para a vitória. É um erro ficar preso em uma única trilha. Você precisa estar pronto para partir para novos rumos assim que identificar uma boa oportunidade."

Certo homem, depois de servir na Força Aérea americana durante a Guerra da Coreia, entrou para uma grande empresa como *trainee* de vendas. "Eram milhares de jovens como eu em vários setores da empresa, todos escalando a pirâmide. A cada degrau superado, o número de vagas diminuía, portanto era óbvio que a maioria acabaria sendo arrastada para funções sem perspectiva de crescimento. Mas eu estava cheio daquelas ideias de que era preciso vencer os obstáculos e que os 'vencedores nunca desistem' — e havia também a questão da segurança, o que era bom. Então, durante muito tempo, segui em linha reta."

Até que uma oportunidade interessante surgiu misteriosamente no horizonte. Em uma cidade do sul do país, durante uma viagem a trabalho, ele entrou em um salão de jantar de um hotel e viu um velho amigo da época da escola jantando sozinho. O amigo estava no ramo de venda de ações de fundos mútuos. Nessa época, esse era um negócio obscuro e pouco alardeado, mas estava começando a crescer. "Meu amigo estava feliz e próspero. Ele me disse que a empresa dele estava ansiosa para contratar gente nova e torná-las ricas. Fiquei fascinado com o que ouvi sobre o negócio. Era assustador pensar em deixar meu emprego seguro e começar algo completamente novo, algo que eu nunca tinha pensado em fazer. Mas pensei comigo: 'Olha só como são as coisas, a sorte lhe deu de graça uma carta curinga. Você vai desperdiçar a oportunidade porque está com medo?' Por isso, resolvi aceitar."

O negócio de fundos mútuos o fez enriquecer. Ele trabalhou para duas empresas durante alguns anos. Depois, surgiu uma nova oportunidade e ele mudou de rumo. Ele e mais dois amigos abriram sua própria empresa de gestão de investimentos. A empresa prosperou, e ele também. Em seguida, veio outra oportunidade. Por meio de alguns de seus contatos no mundo financeiro, ele foi convidado a entrar para uma comissão do governo estadual que fora estabelecida para estudar alguns dos problemas monetários do estado. "Eu sempre quis prestar serviço para o governo, por isso aceitei. E hoje estou diante de outra oportunidade empolgante e assustadora. No mês passado, algumas pessoas na minha cidade natal me pediram para concorrer a prefeito nas próximas eleições municipais. Fiquei tentado a recusar, pois não sou político. Mas acabei aceitando. Eu tinha aprendido a lição. Se eu tivesse dito 'Não, não sou vendedor de fundos mútuos' anos atrás, não seria ninguém hoje. Gosto de desafios. Torna a vida mais estimulante e compensadora. No ano que vem, eu talvez entre para a política."

Um dos colegas mais azarados do grupo de formandos de 1949, ao ouvir a história do futuro prefeito, balançou a cabeça, tristemente, em seu terceiro martini. O líquido transparente e imóvel em seu copo bem poderia ser suas lágrimas. "Hoje sei que deveria ter tido coragem para mudar", disse ele. "Quem dera eu soubesse disso quando era mais jovem. Mas estava confortável demais onde eu estava. Minha esposa e eu tínhamos medo de tentar novos caminhos. Fiquei preso. Quero dizer, realmente preso..."

Ele entrou para uma cadeia de lojas de departamento logo após a formatura, ficou na empresa duas décadas e chegou ao ápice da carreira como gerente de uma das lojas menos ativas da cadeia. A recessão do início da década de 1970 afetou profundamente os negócios da cadeia, e a loja dele foi fechada. Da última vez que encontrei esse gerente, ele estava procurando um novo emprego, quase aos 50 anos. A esposa estava empregada e, depois de algum tempo, o deixou, em parte porque a insatisfação dele estava tornando a vida a dois muito difícil.

Enquanto bebíamos juntos no bar, ele jogava o mais triste jogo de todos os tempos, o jogo do "se ao menos". "Se ao menos eu tivesse tido coragem de mudar", disse ele, pensando na história do futuro prefeito. Ele lembrou que tinha deixado passar várias oportunidades atraentes ao longo da vida. Em um caso, um encontro casual em uma viagem de férias o colocou em contato com um grupo de negócios que planejava construir uma marina. O *hobby* dele desde criança eram barcos, e o grupo o convidou para ser gerente da marina, com participação nos lucros e a chance de se tornar acionista. Ele havia se autorrotulado de forma bastante estrita como "gerente de uma loja de departamentos". A oportunidade estava fora da rota que ele havia traçado para si, por isso nem a considerou. "O cara que aceitou o trabalho na marina não só está rico hoje, mas faz o que gosta e o que eu adoraria fazer. Ah, por que fui tão tímido?"

"A sorte favorece quem está preparado", afirma outro velho aforismo. Em outras palavras, a sorte passa perto de todo mundo de vez em quando. Mas somente aqueles que estão preparados para agarrá-la conseguem aproveitar as oportunidades.

O Dr. Charles Cardwell é professor de filosofia no Virginia Polytechnic Institute e estuda o papel da sorte na vida. Ele sugere que pode ser feita uma distinção entre as palavras "sorte" e "fortuna". O Dr. Cardwell afirma: "A gente ouve falar que as pessoas criam a própria sorte. Mas se você considerar 'sorte' como querendo dizer que eventos acontecem por acaso, aleatoriamente, a afirmativa é falsa. A sorte acontece para todo mundo. A gente não cria nossa própria sorte. Ela vem e vai por conta própria. Mas a gente pode construir nossa própria fortuna, estando alerta e usando a sorte com sabedoria."

Entre outras coisas, usando a sorte com ousadia. O gerente da loja, como ele mesmo admitiu, não fez isso e perdeu o jogo. Talvez sua timidez viesse de não compreender as implicações da Regra Nº 2.

Regra nº 2
Saiba a diferença entre ousadia e precipitação

Se você apostar as economias da sua vida em um empreendimento espetacular com risco de perder tudo, isso é precipitação. Se aceitar uma nova e empolgante oportunidade de trabalho, embora não esteja nos seus planos de carreira, mesmo que fique assustado com a ideia de mergulhar no desconhecido, isso é ousadia.

No empreendimento especulativo, talvez os ganhos sejam enormes, mas o potencial de perda também é assustador. No caso do emprego, também existe a possibilidade de bons ganhos, mas provavelmente há pouco a perder. O excesso de cautela muitas vezes advém de não saber fazer essa distinção.

"O que você de fato pode perder quando muda de carreira?", pergunta outro dos formandos de 1949 mais agraciados pela sorte. A sorte bateu à sua porta quando ele completou 40 anos. Largou um trabalho executivo entediante para começar uma carreira nova como professor universitário — algo que ele sempre quis fazer. "Minha esposa e meus filhos estavam nervosos e preocupados quando essa enorme chance surgiu do nada. Mas eu me perguntei: do que realmente tenho medo? De entrar em um novo ambiente de trabalho? De conhecer novas pessoas? De cometer erros ao aprender novas habilidades? Claro, tudo isso e muito mais me assustava. Mas eu disse para minha mulher: 'Olha, essas coisas não são questão de vida e morte. Ainda estaremos vivos, ainda teremos nossa casa para morar e dinheiro para nos manter. Os riscos que assumiremos não serão tão grandes assim. Se esse negócio não der certo, voltarei a ser executivo."

Esse homem chegou a ponto de imaginar, em detalhes, o pior resultado possível da sua escolha. Ele estudou o resultado de vários ângulos diferentes e concluiu que não era assustador o suficiente para impedi-lo de tentar. No fim, acabou sendo mais um pesadelo — não era real, nada com que valesse a pena se preocupar. A situação era a seguinte:

"Um: minha nova carreira de professor não daria certo."

"Dois: eu pediria demissão ou seria demitido."

"Três: eu voltaria à minha carreira de executivo."

"Mas... quatro: tenho mais de 40 anos e ninguém vai querer me contratar."

Para verificar se esse pior resultado era tão assustador quanto parecia, conversou com outras pessoas que tinham procurado emprego depois dos 40. Chegou até a frequentar o Forty-Plus Club, que existe em muitas cidades norte-americanas e cujo foco é combater a discriminação por idade na hora de contratar profissionais. Ele terminou a visita otimista.

"A mensagem que recebi foi a seguinte: 'Não vamos prometer um jardim de rosas. Encontrar emprego em nível executivo depois dos 40 anos não é fácil. Mas acontece todos os dias. Até com as mulheres, que precisam superar não só a discriminação pela idade, mas também de gênero. Se você tiver boas qualificações e se empenhar, estará contratado três meses depois de enviar seu primeiro lote de currículos. Seis meses seria um período longo.'"

Assim, o pior resultado seria um período de penúria de seis meses sem salário. Será que seria um destino tão terrível assim? Seria perigoso o suficiente para transformar um lance ousado numa aposta precipitada? Ele decidiu que não. Concluiu que esse passo rumo ao mundo acadêmico lhe oferecia a perspectiva de enormes ganhos potenciais em termos de crescimento e satisfação pessoal, e tinha apenas um grau mínimo de risco.

Assim, ele agarrou a oportunidade e avançou. A decisão não pode ser chamada de precipitada. Era apenas ousada.

"Homens e mulheres que se intitulam azarados muitas vezes são pessoas passivas", afirma o psiquiatra Abraham Weinberg, que passou anos estudando as diferenças entre pessoas com e sem sorte. "Elas tendem a deixar a vida passar em vez de usar suas oportunidades de maneira assertiva. Muitas vezes, têm medo de mudar, mesmo que não envolva riscos. Dizem a si mesmas: 'Tenho medo de entrar nessa nova situação', mesmo quando a situação não apresenta nenhum terror objetivo, a não ser a própria novidade. Em vez de examinar a situação e procurar identificar quais os riscos existentes, elas abandonam o barco, dizendo: 'Não, é uma aposta alta demais.' Talvez nem seja uma aposta. Só estão inventando uma desculpa para ficar em território familiar."

É muito fácil convencer a si mesmo de sair de uma situação assustadora e desafiadora, chamando-a de "precipitação". Essa palavrinha lhe oferece a excelente oportunidade de não fazer nada — uma desculpa que pode ser quase inatacável. Soa razoável, parece sabedoria antiga. "Não se arrisque e não se machucará." É provável que você não se machuque, mas também não avançará muito em busca de suas próprias metas pessoais.

Se quiser melhorar sua sorte, é essencial estudar bem a distinção entre precipitação e ousadia. Dedique-se a isso. Force-se a avaliar as situações com sinceridade quando as considerar assustadoras. Talvez você use a "precipitação" como desculpa para evitar assumir pequenos riscos.

É verdade que quando assumimos riscos, temos chances de perder. Mas também é verdade que nunca vamos ganhar nada se não entrarmos no jogo. As pessoas de sorte estão cientes da possibilidade de perder, e elas podem perder muitas vezes. No entanto, como os riscos que assumem são baixos, as perdas também tendem a ser limitadas. Dispostas a aceitar pequenas perdas, elas se colocam em posição de fazer grandes ganhos.

Especuladores e apostadores de sucesso conhecem bem essa lição. Um antigo conselho em geral ouvido nas mesas de cassinos e em Wall Street é: "Nunca aposte o dinheiro do supermercado." Especular com dinheiro do dia a dia, dinheiro que você precisa para viver, é precipitação. (Além disso, você fica nervoso demais para apostar com sabedoria.) Mas não é precipitação especular com dinheiro que você pode se dar ao luxo de perder — dinheiro cuja perda, embora dolorosa, não será trágica. Isso é ousadia. Também pode ser divertido.

Talvez você não seja o tipo de pessoa que goste de apostas ou especulação. É uma questão de escolha pessoal. Mas se você nunca compra um bilhete da loteria nem se arrisca no mercado de ações, não tem o direito de ficar com inveja de alguém que o faz e ganha. Não tem o direito de resmungar: "Algumas pessoas têm toda a sorte do mundo. Nada desse tipo acontece comigo." Não acontece porque você nunca entrou no jogo.

A fortuna não favorece os tímidos, nem os precipitados. (Os precipitados, entretanto, vivem momentos empolgantes com seu dinheiro.) A fortuna favorece os audazes, porque eles atuam em um meio-termo sólido entre os dois extremos. Eles não têm medo de avançar, assim que determinarem que as chances estão a seu favor.

Regra nº 3
Não insista em ter conhecimento total de antemão sobre qualquer situação futura

J. Paul Getty, o bilionário do petróleo que faleceu em 1976, era um homem que acreditava em todas as três regras estudadas aqui — especialmente esta última. Será interessante analisarmos a vida desse homem sortudo. Getty não era apenas sortudo, mas, até o final da vida, gregário, entusiasmado e articulado. Ele gostava de dissecar sua vida incrível para ver que lições poderia tirar para os jovens que estavam começando a jornada. Conversei com ele apenas uma vez, mas o vigor de sua personalidade causou uma impressão duradoura em mim.

Dizem que a enorme fortuna de Getty veio de uma herança do pai, um advogado que virou petroleiro. Isso não é verdade. O pai de Getty de fato morreu milionário, mas nessa época J. Paul também já era milionário. Ele tinha vencido por conta própria — pelo menos em parte por saber aproveitar a sorte.

Em seus anos de juventude, seguiu um caminho tortuoso, como fazem muitas pessoas de sorte. Foi para a faculdade querendo ser escritor. (Bem mais tarde, acabou se dedicando a essa atividade e saiu-se bem.) Depois, por ter facilidade de lidar com as pessoas, interessou-se pela diplomacia e tornou-se diplomata. Depois da faculdade e prestes a procurar seu primeiro emprego no governo, foi atraído pelo *boom* do petróleo em Oklahoma, onde o pai estava ganhando dinheiro e aproveitando muito a vida. O ramo do petróleo estava muito distante do caminho planejado por Getty, mas como ele fazia parte do grupo dos sortudos, sentiu-se compelido a tentar a sorte com ousadia. Decidiu adiar sua carreira diplomática por um ano mais ou menos e arriscar-se no mundo da exploração de petróleo.

Conseguiu dinheiro trabalhando em instalações de outros exploradores e pedindo dinheiro emprestado ao pai. O pai, cujos rígidos princípios proibiam qualquer tipo de agrado aos filhos, nunca deu ao jovem nada além de pequenos presentes em dinheiro, e exigia o pagamento imediato de cada centavo emprestado. Por sorte, o jovem Getty conhecia bem a diferença entre ousadia e precipitação. Ele nunca entrou em um empreendimento cujos requisitos de caixa, em caso de perda, fossem grandes o suficiente para causar graves dificuldades. Em vez disso, mantinha as necessidades de caixa baixas, dependendo mais dos seus talentos como negociador e vendedor de fala mansa, sagaz e conhecedor da psicologia humana.

Seus primeiros empreendimentos foram um fiasco. Ele começou a pensar em ingressar na carreira diplomática. Mas, no início de 1916, ao perfurar um terreno alugado que tinha conseguido a preço especial de US$ 500, Getty encontrou seu primeiro poço produtor. O poço produzia 700 barris por dia e iniciou a fortuna do jovem empreendedor. (Ele tinha só 23 anos na época.)

Sortudo? Claro que sim. Mas ele mereceu. Ele fez tudo certinho.

Mais tarde, as pessoas lhe perguntaram onde ele tinha achado forças para arriscar US$ 500 para arrendar aquele terreno de sorte. Como ele sabia que encontraria petróleo naquele poço? Ele respondeu que não sabia. Getty reuniu todos os fatos de que dispunha, estudou o local e o terreno em volta, conversou com geólogos e outros especialistas. Teve um forte palpite de que o ponto era bom. "Mas era impossível saber qual seria o resultado", observou. "Se houvesse alguma forma de saber onde estavam os depósitos de petróleo, ninguém jamais perfuraria um poço seco. A prospecção de petróleo é como qualquer outro negócio na vida, do casamento à compra de um carro. Sempre existe um elemento de sorte envolvido, e você deve estar disposto a viver com ele. Se insistir em ter certeza, nunca será capaz de tomar qualquer decisão. Ficará paralisado."

Getty não tinha nada contra os fatos. O ponto de vista dele era que, em quase todos os tipos de empreendimento, existe uma hora em que é preciso parar de coletar dados e tomar uma decisão corajosa de continuar em frente ou parar. Raramente existem fatos suficientes. Raramente sabemos tudo que gostaríamos de saber. Faz sentido que você se informe sobre determinada situação da melhor maneira possível, mas sempre pode haver algum ponto além do qual fatos adicionais só representam retornos menores. Se você passar desse ponto e ainda assim não agir, continuar dizendo para si mesmo: "Ainda estou avaliando... estou vendo", talvez só esteja mesmo dando uma desculpa para sua timidez — outra desculpa semelhante é dizer que se trata de "precipitação". Nos termos de Getty, você se torna "como uma dessas comissões do governo que têm medo de tomar uma decisão. Eles fazem audiências, coletam dados, ficam enrolando, muito ocupados durante meses a fio. Depois de certo tempo, descobre-se que se trata de uma farsa. A falsa aparência de ação é fachada para ocultar a inação".

Praticamente qualquer coisa que você puder fazer para evitar essa paralisia provocada pelo eterno protelamento vai ajudar. É por isso que não fará *necessariamente* mal; talvez seja até útil ter algum tipo de crença mística — o que outras pessoas chamam de "superstição".

Em todas as nações industriais modernas, é claro, está na moda zombar de ideias supersticiosas. Esse deboche é uma postura intelectual admirada de Moscou a Los Angeles. Dizem que a Era de Aquário, que supostamente surgiu na década de 1960, está tornando as pessoas mais tolerantes às noções místicas. Mas se estiver, o aumento na tolerância até agora parece estar confinado (em muitos aspectos) a certos segmentos um tanto pequenos da sociedade. Na maioria dos lugares, não é boa ideia admitir que você acredita em números da sorte ou revelar que se benze, a menos que você mesmo ria disso para mostrar que não é bobo. Talvez essas crenças — pelo menos as mais comuns, deixando de lado os extremos dos cristais, das cartas e do ocultismo — não sejam tão bobas. Vejamos alguns usos práticos da superstição.

Quando comecei a entrevistar pessoas com e sem sorte há muitos anos, um fato intrigante tornou-se claro para mim muito rapidamente. Com raras exceções, as pessoas sortudas são supersticiosas. Getty está entre elas. "Sim, eu tenho uma pequena superstição", disse ele quando perguntei, embora não tenha entrado em detalhes. Leonard Bernstein tem um par de abotoaduras da sorte que usa sempre que está regendo. Truman Capote fica desconfortável quando vê um cinzeiro com mais de três guimbas de cigarro e gasta considerável energia esvaziando-os. Arlene Francis sempre usa certo pingente quando se apresenta diante de uma plateia, e, se o colar não combinar com o figurino, ela o usa por baixo da roupa. No caso de Zsa Zsa Gabor, é um anel que ela ganhou quando criança.

A lista dos admiradores famosos da astrologia encheria um catálogo telefônico de tamanho respeitável. O presidente Grover Cleveland consultava-se com um astrólogo. J. Pierpont Morgan também. O mesmo acontecia com pelo menos dois presidentes da Bolsa de Valores de Nova York, Jacob Stout e Seymour Cromwell. Cornelius ("Commodore") Vanderbilt estava interessado não só nas estrelas, mas também nos espíritos. Ele consultava médiuns, que invocavam espíritos de quem Vanderbilt recebia dicas sobre o futuro.

A alta incidência de ideias supersticiosas entre os famosos pode ser interpretada de pelo menos duas maneiras.

Pode ser, e certamente foi, usada para sugerir que determinado enfoque funciona. "Se a astrologia fez tudo isso por J. Pierpont Morgan, imagina o que fará por você."

Entretanto, a outra interpretação não pede que você acredite que existam forças ocultas em ação. Pense em uma superstição como um bom recurso psicológico de que você pode se valer em momentos de preocupação, confusão e indecisão. Numa situação em que seja preciso tomar uma decisão, mas na qual você esteja intimidado pela falta de fatos concretos, uma boa e simpática superstição ajuda a evitar a paralisia. Quando tiver feito todo o dever de casa, quando tiver coletado todos os fatos essenciais da situação e quando ainda não souber qual rumo tomar porque os fatos disponíveis não são suficientes, você pode recorrer à superstição. Ela pode aliviar suas preocupações e apreensões em relação a uma escolha. Ajuda a deixá-lo mais corajoso.

Visto sob essa ótica, a alta incidência de superstição entre os mais sortudos talvez seja mais fácil de explicar. As pessoas de sorte talvez tenham sorte porque, entre outras coisas, em geral, usam as superstições para ganhar coragem, tomar decisões mais firmes. Como Getty, elas sabem que existe um elemento de sorte em todos os empreendimentos, em geral um elemento significativo. Esse elemento não se presta a qualquer ataque racional. Nenhum tipo de investigação ou de raciocínio lógico mudará as chances ou afetará o resultado. É aí que entra a superstição. Ela ajuda a tomar uma decisão rápida e de forma relativamente indolor diante de dados inadequados.

Muitas vezes, enfrentamos situações em que qualquer escolha estaria errada, mas a paralisia seria ainda pior. A notória história inacabada de Frank Stockton sobre a mulher e o tigre é um exemplo memorável. O herói da história desperta a ira de um rei, que o condena a fazer uma escolha difícil. Ele é trancado em uma arena cujas saídas estão fechadas. Atrás de uma porta está uma mulher; atrás da outra, um tigre faminto. As tentativas de o herói fazer sua escolha de forma racional, com fatos, só o deixam mais confuso e indeciso. Sua amada, a princesa, em nada o ajuda quando aponta para uma das portas, porque ele não sabe se a motivação dela foi amor ou ciúme. Ainda assim, precisa decidir, pois permanecer na arena sem abrir uma das portas significa morte certa por inanição.

Stockton não nos conta o final da história. Esperamos, pelo bem do herói, que ele tivesse uma superstição qualquer. Qualquer uma teria servido. Ele estava numa situação em que nenhum tipo de raciocínio lógico o ajudaria a tomar uma decisão sensata — uma situação em que seu melhor lance era tomar uma decisão ousada e rápida. Talvez ele tivesse uma moeda da sorte no bolso. Se ele lançasse a moeda, talvez seus problemas acabassem rapidamente.

A vida muitas vezes nos lança problemas como esses para resolver. Se você tem alguma superstição, considere-a sua "amiga". Ria dela em público se quiser, mas guarde-a para si. Ela vai ajudá-lo a decidir qual das portas abrir.

Virá ao seu socorro se você receber duas ofertas de trabalho que parecem igualmente atraentes, com base nos fatos disponíveis. Ou então, se você acha que está apaixonado por duas pessoas diferentes e quer casar com as duas. Ou se não conseguir decidir para onde viajar nas férias.

Uma boa superstição ajuda não só a tomar decisões em casos em que faltam fatos concretos. Também pode melhorar sua sensação geral de confiança e competência — que são componentes da ousadia. Uma superstição comum entre jogadores de bridge, por exemplo, diz que você pode mudar sua sorte se mudar de lugar. Se você ou seu parceiro estiverem jogando em determinada posição e trocarem de lugar, poderão aumentar as chances de ganhar. Bobagem? Bem, talvez até seja. Mas Charles Goren, por exemplo, não acha.

Em sua coluna mensal há alguns anos na *McCall's*, Goren destacou que o jogo melhora quando o jogador se sente mais confiante. Se trocar de lugar faz você se sentir melhor — mais sortudo, mais confiante —, é provável que melhore também a qualidade das suas jogadas. Você fica mais ousado, mais preciso, mais decisivo, mais inclinado a procurar chances atraentes. Mudar de lugar, na verdade, muda sua sorte.

Por outro lado, em geral, não é uma boa ideia ir contra uma superstição antiga. Helen Wills, jogadora de tênis famosa no mundo inteiro na década de 1920, acreditou a vida inteira que dava azar calçar o pé direito antes do esquerdo. Ela ridicularizava sua própria superstição com frequência. Um dia, a jogadora estava determinada a provar quem estava no controle da situação. Calçou primeiro o pé direito, foi jogar e perdeu feio.

"Não parecia certo", disse ela mais tarde. "Eu estava desconfortável, não conseguia me concentrar... Sei que é besteira, mas não vou mais lutar contra esse sentimento. De hoje em diante, sempre calçarei o pé esquerdo primeiro". E por que não? A pior coisa que podemos dizer sobre a superstição de Helen Wills, na minha opinião, seria que era inofensiva. A melhor, entretanto, seria que ela reforçava a sensação de confiança e competência da atleta. Embora ela achasse que fosse tolice alimentar uma superstição assim, seria uma bobagem ainda maior tentar vencê-la.

Uma superstição só causará algum problema se for usada como substituta de processos racionais. Deve entrar em ação somente quando você fez de tudo para resolver o problema ou tomar a decisão com dados concretos e esforço próprio. Ela assume no momento em que seus esforços terminarem. Um conselho antigo nos assegura que "Deus ajuda a quem se ajuda".

"Um comportamento típico dos perdedores crônicos no mundo das apostas é que eles confiam demais em soluções mágicas para seus problemas", afirma o Dr. Jay Livingston, psicólogo do Montclair (New Jersey) State College. Ele passou dois anos convivendo com os membros dos Jogadores Anônimos e suas famílias, tentando descobrir o motivo pelo qual algumas pessoas são azaradas e por que continuam voltando para perder mais uma vez. "O perdedor muitas vezes tem pouca fé na sua própria capacidade de alcançar bons resultados, por isso depende de forças mágicas misteriosas que o conduzam na vida. As forças misteriosas geralmente não fazem o que ele quer, é claro."

"O ganhador é bem diferente. Ele pode ter algumas superstições também, mas não depende da magia para fazer sua parte. O jogador de beisebol que acerta a rebatida, por exemplo, pode acreditar que dará azar se ele trocar as meias. Assim, ele não troca de meia e se sente melhor. Só que ele continua indo aos treinos para praticar as rebatidas."

Capítulo 4

O efeito catraca

A CATRACA É UM dispositivo que preserva os ganhos. Ela permite que a roda gire somente para frente.

As pessoas de sorte em geral parecem organizar suas vidas de forma análoga. Sabem que praticamente qualquer empreendimento pode levar a perdas ou ganhos. No início, é impossível saber para que lado a roda vai girar. Mas se ela começa a girar para o lado errado, os mais sortudos estão preparados para pará-la. Eles têm condições de sair de situações ruins rapidamente. Eles sabem como descartar a má sorte antes que ela se torne ainda pior.

Parece simples — envolve um pouco mais do que o senso comum. Mas não é tão simples quanto parece. Muitas pessoas — sobretudo as azaradas — parecem não conseguir dominar esse talento. Elas normalmente se veem metidas em situações ruins, e em muitos casos ficam presas ali a vida inteira.

Se o efeito catraca parece simples de entender, por que não pode ser posto em prática por todos? Acontece que, para muitos, talvez para a maioria, dois grandes obstáculos emocionais ficam no caminho.

Esses obstáculos não são tão grandes que não possam ser superados. Alguns homens e mulheres parecem superá-los facilmente — e essa é uma das razões pelas quais são consideradas pessoas de sorte. O restante precisa se empenhar mais. A mera identificação de onde estão esses obstáculos e a análise de sua forma de manifestação, no entanto, rapidamente os torna menos formidáveis.

Conhecer bem um adversário é o primeiro passo para vencê-lo. Se você desenvolver uma clara compreensão de algumas razões pelas quais a boa sorte o iludiu, já terá mais sorte do que quando estava passivamente reclamando e se lamuriando por que "algumas pessoas têm toda a sorte do mundo"!

Vamos estudar os dois obstáculos e ver o que pode ser feito para superá-los.

O primeiro obstáculo: É muito difícil admitir "Eu estava errado"

Gerald M. Loeb, que morreu em 1975, foi um especulador do mercado de ações — por todas as medidas imagináveis, um dos mais brilhantes e mais sortudos especuladores a atuar em Wall Street nos últimos tempos. Ao contrário de muitas outras estrelas que brilharam no mercado acionário nas décadas de ouro de 1950 e 1960, Loeb e seu dinheiro não desapareceram quando a festa acabou em 1969. Tampouco o dinheiro daqueles que ouviram seus conselhos. Loeb era um homem que sabia como lidar com a sorte. Ele entendeu bem como funciona o efeito catraca; sabia que a roda nem sempre giraria na direção certa, e quando ela começava a girar para trás, ele estava pronto para encará-la. Congelava sua sorte onde quer que estivesse; saía do mercado com a maioria dos seus ganhos intactos.

Loeb não era apenas esperto. Também era muito honesto. Seu livro mais conhecido é *The Battle for Investment Survival* (A batalha pela sobrevivência nos investimentos). Uma vez perguntei-lhe por que tinha dado esse nome negativo, que fazia com que a especulação em ações parecesse muito mais árdua e difícil do que realmente era. A maioria dos outros livros com conselhos sobre Wall Street prometem enormes lucros, muita diversão e quase nenhum trabalho. Loeb concordou que seu título era um tanto intimidador. Explicou: "Não quero que as pessoas me procurem depois para dizer: 'Olha, Loeb, você disse que seria fácil, mas não foi.' O fato é que para a maioria das pessoas essa é uma das maneiras mais difíceis de ganhar dinheiro. Cavar valas é mais fácil. Meu livro tem fórmulas que funcionam, mas só funcionam se você tiver coragem de usá-las bem. É preciso disciplina. É preciso... não sei, algo que nem todo mundo tem."

Uma das seções mais importantes do livro era uma fórmula para aplicar o efeito catraca à especulação com ações. Essa fórmula não foi inventada por Loeb. Sábios conselheiros antigos a passavam para jovens investidores nos mercados de capitais de Amsterdã, já no século XVI. Mas Loeb a expressou de forma mais clara e vigorosa que a maioria. Ele conseguiu fazer isso porque tinha usado a fórmula ao longo de sua vida de riscos (que começou em 1920) e acreditava nela. No entanto, sabia que, da forma como estava redigida, poucos de seus leitores seriam capazes de aplicá-la com ousadia ou decisão suficiente para fazê-la funcionar direito. "No papel, parece perfeitamente lógica", pensou. "As pessoas leem o texto e adoram. Mas quando começam de fato a usá-la, as coisas ficam difíceis. É aí que você descobre que tipo de pessoa realmente é."

A fórmula funciona assim: você seleciona uma ação para comprar. Sua seleção supostamente se baseou em uma ampla e diligente coleta de dados, conselhos inteligentes, bons palpites e outros elementos racionais. Mesmo assim, é preciso admitir para si mesmo logo no início que você não pode saber o futuro. Se você tiver feito bem a lição de casa, terá uma base razoável para esperar que o preço das suas ações alcance valores bastante favoráveis. Mas não pode ter certeza. O preço pode começar a cair no dia seguinte da compra da ação, em virtude de circunstâncias que não poderiam ter sido previstas ou combinações de fatos que de alguma forma não estavam disponíveis quando você formou seu palpite. O preço pode subir por um breve período e, em seguida, despencar. Se você tiver sorte, o preço só vai cair depois de um longo período de alta. Nada disso estará sob seu controle. Na especulação com ações, como em todos os empreendimentos humanos, você está em parte à mercê do acaso.

Existe uma certeza, no entanto. Cedo ou tarde, o preço vai cair. Segundo a fórmula de Loeb, sempre que o preço da ação cai, o mecanismo de catraca entra em ação. A regra é sempre vender quando o preço cair 10% a 15% em relação ao valor mais alto atingindo pelas ações enquanto estiveram em suas mãos, independente de ter ou não conseguido lucro com elas.

Obviamente, essa fórmula não garante lucros. Você pode comprar várias ações e observar com desânimo todas elas caírem 10%, obrigando-o a vender tudo. Quem quer que use a fórmula deve estar preparado para amargar pequenas perdas enquanto espera por um ganho mais significativo. O que a fórmula garante é que você nunca será surpreendido por um enorme prejuízo, do tipo que acabou com tantos especuladores em 1929 e 1969. O efeito catraca protege contra a má sorte.

É uma fórmula sensata. Infelizmente, poucas pessoas têm condições de usá-la com sucesso. Como o próprio Loeb assinalou, dói demais, pois, entre as outras dificuldades, ela requer que você encare a si mesmo e aos outros com toda a sinceridade e diga: "Eu estava errado."

Isso incomoda. De forma insuportável, às vezes. Os pequenos especuladores típicos evitam o incômodo e, assim, continuam a ser pequenos especuladores. Se compram uma ação cujo preço começa a ceder, insistem em não vendê-la, na esperança de que eventos futuros compensem sua decisão. "Essa queda de preço é apenas temporária", dizem a si mesmos, esperançosos. "Eu estava certo em comprar as ações. Seria precipitado vender só por causa de um azar inicial. Se eu vender, vou me arrepender. O tempo mostrará como sou esperto."

É perfeitamente possível que o especulador se arrependa se vender as ações. Left-Behind Blues é uma das canções mais tristes de

Wall Street. Ela retrata a sombria melancolia que toma conta do especulador quando vê dobrar de preço uma ação que acabou de vender. Essa experiência deprimente pode acontecer a qualquer um, e acontece com milhares de negociadores melancólicos todos os anos. Mas não há nenhuma forma de prever quando vai acontecer. Quando o preço começa a cair, é mais sensato supor que continuará a cair do que rezar para que a tendência se inverta radicalmente. É mais seguro tomar medidas ousadas e sair com uma pequena perda.

Certamente você se arrependerá se o preço daquela ação específica decolar e deixar você para trás. Mas ficará irritado se insistir em ficar com as ações e acabar afundando no esquecimento.

É isso que o especulador infeliz faz com muita frequência, e é uma das principais razões pelas quais ele é azarado. Emocionalmente incapaz de vender as ações, ele insiste em mantê-las, rezando para que acabem subindo para o preço pelo qual ele as comprou. As ações podem até voltar ao preço anterior, mas pode levar meses, anos ou décadas. (Muitos dos especuladores que perderam dinheiro em 1969 continuam perdendo — e o mesmo se aplica aos perdedores de 1929.) Se suas ações voltarem ao preço original depois de dez anos de espera, talvez o especulador consiga se convencer de que ele era esperto. Ele terá condições de dizer: "Aha! Agora não é mais um prejuízo!" Mas seu dinheiro terá ficado preso nesse investimento estagnado durante uma década, período em que poderia ter duplicado o montante, aplicando em certificados de poupança de longo prazo. Enquanto o dinheiro do perdedor estava preso, o especulador com mais sorte colocava o seu para trabalhar melhor.

O especulador de sorte, é claro, provavelmente teve de passar por várias dessas experiências desagradáveis, em que teve de admitir "eu estava errado". Ele teve de admitir para si mesmo, para o corretor, para a família, talvez até para os amigos. É seguro supor que ele odiou cada minuto dessa mortificação. Mas colocou na cabeça que tinha de passar por tudo isso, e o fez, corajosamente.

Em um livro intrigante de 1973, *Psyche, Sex and Stocks*, o psiquiatra Stanley Block e o psicólogo Samuel Correnti relataram os achados de um estudo de longo prazo sobre "perdedores natos" no mercado. Uma das características mais comuns dessa tribo sombria, determinara os dois investigadores, é "uma necessidade imperiosa de provar o brilho próprio de cada um". Sem dúvida, quase todo mundo tem necessidade de se sentir esperto. Se for bem controlado, esse sentimento pode levar a resultados admiráveis. Mas se essa necessidade se torna tão avassaladora a ponto de impedir que você admita que está errado, mesmo quando todas as evidências factuais dizem que está, ela se torna causa de má sorte.

Seus resultados provavelmente são mais visíveis no mercado de ações do que em qualquer outro lugar, mas se procurar bem, verá a mesma necessidade causando problemas em quase todas as áreas da vida. É possível encontrá-la em praticamente qualquer situação em que o efeito catraca, se aplicado de forma rápida e audaciosa, poderia ter corrigido uma decisão ruim — e em que essa aplicação rápida e audaciosa nunca aconteceu.

Dr. Ronald Raymond, um psicólogo clínico de Connecticut, descobriu que as pessoas azaradas muitas vezes entram em casamentos e outros relacionamentos longos que elas pressentem que não vão funcionar. A ação rápida no começo pode acabar com um relacionamento complicado antes que ele se torne um estorvo, mas essa ação, é claro, exige que alguém admita: "Eu estava errado." Ela pode exigir que um dos parceiros ou ambos passem pela dor e o constrangimento de cancelar a cerimônia de casamento.

"As pessoas evitam encarar essa possibilidade porque isso fará com que pareçam tolas", diz o Dr. Raymond. "Assim, mesmo que estejam começando a ter sérias dúvidas, continuam avançando em direção ao fatídico dia do casamento. Quanto mais a data se aproxima, mais envolvidas elas ficam. Finalmente, por pura inércia, acabam casadas sem querer. E agora enfrentarão anos de infelicidade, talvez uma vida inteira. Acabam consultando pessoas como eu, procurando uma saída. O que deveriam ter feito era ter tido coragem de interromper o processo antes do casamento. E de dizer: 'Pare! Estou no trem errado!' Não faz sentido que eu lhes diga isso. Elas já sabem. Mas é claro que agora é tarde demais."

Muitas vezes, é "tarde demais" para os azarados. Quase sempre existe um período no início de qualquer empreendimento com potencial para afundar em que o efeito catraca pode ser aplicado facilmente e você pode sair dele com pouco ou nenhum prejuízo. Mas esse período pode ser muito breve. Depois que ele passar, a cola das circunstâncias endurece ao redor dos seus pés. Você está preso, talvez para sempre.

"É triste pensar quantos homens e mulheres estão presos em empregos que odeiam", diz Bill Battalia, o recrutador de executivos. "Em muitos casos, são pessoas que poderiam ter mudado de carreira mais cedo na vida. Mas quanto mais tempo você ficar em determinado emprego ou carreira, mais difícil será a mudança."

F. Scott Fitzgerald estava pensando em algo parecido quando afirmou que "não há segundo ato nas vidas americanas". Ele exagerou, é claro. As pessoas às vezes mudam de carreira e reestruturam suas vidas no meio do caminho. Mas é tão difícil que acaba sendo raro. Certamente não é um padrão comum nos Estados Unidos (nem na Europa, aliás). No padrão comum, as principais estruturas da vida estão estabelecidas por volta dos trinta anos ou mais cedo. Ocorrem apenas pequenos ajustes depois disso.

Se a estrutura acabar sendo significativamente menor do que o imponente castelo dos sonhos, de uma forma ou de outra, você vai dizer que é azarado. A má sorte poderia ter sido evitada se estivesse disposto a dizer "eu estava errado" antes de as principais estruturas estarem consolidadas.

Battalia conta uma história típica desse tipo de má sorte evitável. Um jovem químico trocou uma pequena empresa de mineração no noroeste do país por um emprego mais bem-pago em uma grande empresa perto de Nova York. A esposa achou que ele estava cometendo um erro. Ela tinha certeza de que ele seria infeliz em um ambiente urbano, longe de suas montanhas nativas e dos riachos de trutas. Seu chefe, o presidente da mineradora, também achou a mudança imprudente. O presidente duvidou de que o jovem se adaptasse bem à vida em uma grande organização. "Meu palpite é que o verei de novo dentro de meio ano, pedindo seu antigo emprego de volta", disse o presidente amigavelmente. "Estarei esperando. Quando você quiser voltar, é só me avisar."

Poucos meses depois de se mudar para Nova York, o jovem químico percebeu que a esposa e o ex-chefe estavam corretos. Ele não gostava da vida na metrópole. Além disso, teve um pequeno revés imprevisível em seu novo emprego. Aconteceu uma reviravolta na gerência. O executivo sênior que o havia contratado e que tinha prometido manter aberto para ele um amplo leque de possibilidades de crescimento foi transferido para outra parte da empresa e praticamente desprovido de poder. Quando a reviravolta acabou, o químico descobriu que seu trabalho e as perspectivas de futuro eram bastante diferentes do que ele havia previsto.

Esse teria sido o momento de colocar o mecanismo de catraca em ação. Mas o químico não queria dar o braço a torcer e admitir para a esposa e o ex-chefe que eles estavam certos desde o princípio. Ficou em Nova York na esperança de que o mau começo, de alguma forma, evoluísse rumo a um final feliz.

"É verdade que, às vezes, um problema vai embora se você esperar e não fizer faz nada", diz Battalia. "Conheço muita gente que guia sua vida por essa filosofia. Elas pensam: 'Se eu esperar, talvez essa pessoa que está me atrapalhando vá embora. Talvez ela morra. Talvez toda essa situação ruim mude de alguma forma que não tenho como saber agora.' Claro, os problemas desaparecem de vez em quando se você der um tempo. Mas se construir uma filosofia de vida com base nessa ideia passiva de espera, parece que está indo contra as probabilidades. Os problemas em geral não somem

— pelo menos, não rapidamente. É mais comum eles continuarem ali ou piorarem."

Foi isso que aconteceu com o químico. Quando ele finalmente percebeu que os problemas não eram temporários, ficou sem saída. Ele poderia ter largado o emprego ruim nos primeiros anos, mas o primeiro obstáculo não foi o único no seu caminho. Ele enfrentou outro — e, quanto mais tempo esperava, maior ficava o problema.

O segundo obstáculo:
É muito difícil abandonar um investimento

Um investimento pode consistir em dinheiro, amor, tempo, esforço, compromisso ou numa combinação de qualquer um ou de todos esses elementos. Seja lá o que for, é algo muito estimado, algo a ser protegido. Se um empreendimento seu der errado, a única maneira de se livrar dele é abandonar os investimentos. Isso dói pelo menos tanto quanto admitir que você estava errado. Muito mais, às vezes. Incomoda algumas pessoas tanto que elas parecem incapazes de agir. Assim, ficam presas em iniciativas fadadas ao fracasso. Ficam cada vez mais atrapalhadas à medida que a má sorte piora.

O químico da história de Bill Battalia sentiu que tinha feito um investimento considerável em seu novo emprego em Nova York. Houve um investimento inicial em dinheiro: fazer a mudança da família de um lado a outro do país, comprar e mobiliar uma casa nos subúrbios. Houve o investimento de tempo, que, naturalmente, só fez aumentar. Houve um enorme investimento de esforço, pois ele teve de se empenhar muito para aprender as técnicas necessárias no novo emprego. Participou de seminários de pesquisa patrocinados pela empresa, matriculou-se em cursos universitários noturnos para preencher algumas lacunas na sua formação técnica. Conforme os anos iam passando, ele também começou a achar que tinha de aumentar o investimento no fundo de pensão e nos planos de bonificação da empresa, que foram concebidos para recompensar tempo de serviço.

Depois de sete ou oito anos, ele se sentia preso atrás desse segundo obstáculo. Agora tinha quase certeza de que o emprego ideal com o qual havia sonhado — um trabalho voltado para pesquisa pura — nunca se materializaria. Ficou preso numa das divisões menos ativas da empresa, trabalho que envolvia principalmente compras e controle da qualidade. Ele ainda trabalha lá hoje em dia, já na meia-idade, contando o tempo até a aposentadoria. Não é um homem feliz. Às vezes, queixa-se aos amigos que não conseguiu as mesmas folgas na vida que as outras pessoas. Isso é verdade até certo ponto. Mas quando sua aventura na cidade começou a azedar, ele poderia ter aplicado o efeito catraca e desistido sem maiores consequências. Poderia ter ido embora e procurado oportunidades melhores — se tivesse agido com rapidez suficiente. Mas não foi isso que aconteceu. Logo, logo era tarde demais.

Essa mesma relutância em abandonar um investimento é causa de muita tristeza em Wall Street. A catraca estilo Loeb exige que você abra mão, de forma rápida e decisiva, de cerca de 1/10 de seu dinheiro quando a má sorte o atingir. Você fica com outros 9/10, o que deveria ser um conforto — mas que não é suficiente para muitos. O investidor "constipado", como os doutores Correnti e Block indelicadamente o chamam, não suporta a ideia de desistir. Quando entra em qualquer empreendimento, vai até o fim, mesmo quando isso representa sua desgraça.

O obstáculo pode ficar ainda mais temível em jogos de azar, como o pôquer. Numa mão de pôquer, como em muitos dos empreendimentos mais importantes da vida, você precisa continuar aumentando o investimento se quiser permanecer no jogo. Nesse aspecto, o pôquer é mais difícil do que Wall Street. Quando você compra uma ação (a menos que compre na margem), faz um investimento único.

Se o negócio não vingar, e se você não conseguir sair, não é obrigado a fazer nada além de lamentar o prejuízo. Ninguém pede que você coloque mais dinheiro no pote. Não é assim no pôquer. Nesse jogo agonizante, você deve sempre investir dinheiro novo para proteger o dinheiro velho. Quanto mais tempo ficar no jogo, maior será seu investimento e mais relutante ficará em abandoná-lo.

Dr. Louis E. Mahigel, professor de comunicações na Universidade de Minnesota, é um homem que conhece o jogo muito bem, assim como as personalidades de perdedores e vencedores crônicos. Ele abandonou a escola aos 15 anos e passou os dez anos seguintes ganhando a vida como jogador profissional — "se virando", como ele mesmo diz. Conseguiu se dar bem. Acha que o sucesso veio em grande parte do fato de estudar e compreender as pessoas, "incluindo eu mesmo". Ele finalmente cansou da agitação, conseguiu seu diploma de equivalência do ensino médio, foi para a faculdade e terminou os estudos com um doutorado. Mas ainda se lembra de todos aqueles jogos de pôquer e dos homens e mulheres que ganhavam e perdiam.

"Uma característica marcante do jogador bem-sucedido, o profissional", diz ele, "é que ele sabe como e quando sair de uma mão e diminuir suas perdas. Claro que ele sabe todas as probabilidades matemáticas de cor, o que lhe dá uma vantagem sobre a maioria das pessoas, mas sua principal vantagem está na área da emoção. Quando as probabilidades dizem que ele provavelmente não vai ganhar, ele não discute, deixa o dinheiro no pote e baixa as cartas. O perdedor crônico não está emocionalmente preparado para fazer isso. Ele fica tão desesperado para não perder o investimento que arrisca tudo para protegê-lo."

A disposição de aceitar uma série de pequenas perdas enquanto espera por um grande ganho: essa é uma característica fundamental de todos os jogadores e especuladores que vencem por um longo período de tempo. Todos eles. É também uma característica importante de homens e mulheres de sorte em geral. Como afirma Gerald Loeb: "Saber quando sair e ter a coragem de fazê-lo na hora certa — essa é uma técnica essencial para uma vida de sucesso. Não se aplica apenas à especulação com ações. É melhor usar a técnica mesmo de forma ineficiente do que nunca aprendê-la."

Homens e mulheres de sorte, têm condições de sair quando necessário. Eles normalmente evitam ficar presos em relacionamentos amorosos insatisfatórios. Sabem que é melhor sair de um relacionamento antes que ele vire um casamento, mesmo que, ao fazê-lo, abandonem o investimento do amor. Eles saem de situações de trabalho ruins sem esperar demais, mesmo que isso signifique deixar para trás um investimento em si mesmos.

Certa vez, conheci um banqueiro suíço e milionário que venceu na vida por seus próprios meios e resumiu sua filosofia de investimento da seguinte forma: "Se você está perdendo um cabo de guerra com um tigre, entregue-lhe a corda antes que ele chegue ao seu braço. Você sempre pode comprar uma corda nova." Há momentos na vida em que deve aceitar um pequeno prejuízo para escapar de um maior. Provavelmente, qualquer pessoa com mais de dez anos seria capaz de reconhecer essa verdade se questionado. Mas só os sortudos parecem ser capazes de agir diante dessas situações.

Nada do que foi dito neste capítulo (ou no anterior) deve ser interpretado como querendo dizer que os sortudos são volúveis ou caprichosos. Não há provas de que podemos melhorar nossa sorte mudando aleatoriamente de uma situação para outra, de uma pessoa para pessoa, de um lugar para outro, como uma bola de golfe lançada na floresta. A reação útil é avaliar cada caso e continuar em frente se ele promoter produzir os resultados esperados. Só se a situação azedar é que a catraca entra em ação.

A maioria das pessoas de sorte cujas vidas estudei não foi caprichosa ao tomar suas decisões. Elas não buscaram a mudança pela mudança — motivada por tédio crônico ou uma esperança infantil de que a grama seria mais verde atrás do muro do vizinho. Elas não trocaram de emprego só por trocar, com funções e remuneração semelhantes. Nem são pessoas com vários divórcios, por exemplo, que entram e saem de compromissos pessoais em uma busca confusa por alguma forma desconhecida de felicidade. Um estado de mudança contínua, de inquietude e falta de objetivo não aumenta de forma significativa as chances de alguém encontrar a boa sorte, e pode levar à má sorte em alguns casos.

Em termos de sorte, parece haver apenas duas razões úteis para fazer uma mudança. Discutimos uma delas no capítulo anterior: um sinal claro de boa sorte está ao seu alcance e você corajosamente tenta aproveitá-lo. Neste capítulo, analisamos a outra razão: algo deu errado — a má sorte entrou em ação —, você aplica a catraca e sai rapidamente, antes que a situação piore e você fique sem opção.

A ousadia e o efeito catraca são componentes essenciais do ajuste da sorte. Dentro de certos limites, eles permitem que você escolha a própria sorte. Você aproveita a boa sorte e descarta a má. Pode ser quase como escolher maçãs de um cesto, só que é muito, muito mais difícil. É tão mais difícil que apenas uma minoria consegue. Chamamos essa minoria de sortuda.

Observe uma última coisa sobre a ousadia e o efeito catraca. São componentes complementares. Se você for ousado, seu mecanismo de catraca tende a funcionar rápido e de forma decisiva quando precisar dele. Se sua catraca estiver funcionando bem — se você confia que ela não vai deixá-lo preso nos lugares errados —, isso serve para apoiar sua ousadia.

Com uma catraca que funciona, você pode entrar em empreendimentos atraentes, que, de outro modo, o assustariam. Você diz a si mesmo: "Se algo der errado, posso ter algum prejuízo com esse negócio. Mas vou ficar atento para não perder muito. Se esse emprego não vingar, se eu não me der bem com essa pessoa, se o mercado de ações despencar amanhã... Vou admitir que eu estava errado, abrir mão de 10% do que investi e sair fora."

Assim, você entra no negócio com ousadia. Suas perdas potenciais são limitadas, mas os ganhos potenciais, não. Dentro de certos limites, mas de uma forma perfeitamente real, sua sorte está sob seu próprio controle.

Capítulo 5

O paradoxo do pessimismo

As palavras "sorte" e "otimista" de alguma forma parecem estar inter-relacionadas. Anos atrás, quando comecei a estudar as pessoas com e sem sorte, esperava descobrir que os mais sortudos seriam esmagadoramente otimistas. Eu estava errado.

As pessoas de sorte em geral são felizes, é claro. Dizemos que são sortudas e elas assim se consideram, pois, em parte por seus próprios esforços e em parte por obra do acaso (destino, Deus ou outra coisa), elas alcançaram metas pessoais importantes. É justo afirmar que a maioria delas vive feliz, contente, satisfeita. Elas sorriem muito. São divertidas e ótimas companhias. Mas chamá-las de otimistas é um exagero. Ser otimista é esperar os melhores resultados. Pessoas de sorte, como regra geral, não são assim. Na verdade, a maioria delas nutre um núcleo básico de pessimismo tão denso, difícil e espinhoso que chega a assustar quando deparamos com ele. Cuidam do seu pessimismo com carinho, protegem-no contra ataques, exercitam-no diariamente para mantê-lo em forma e bem denso. Às vezes, conscientemente e, às vezes, de forma intuitiva, elas o apreciam como algo de valor. Perdê-lo seria perder... a sorte.

Foi difícil para mim entender esse fenômeno no começo da pesquisa. Parecia paradoxal. As pessoas de sorte não deveriam ser otimistas? Fiquei intrigado em ouvir um jogador profissional de Las Vegas dizer: "Só pense em ganhar quando estiver pronto para perder." Ou em ouvir J. Paul Getty dizer: "Quando entro em qualquer negócio, procuro prensar primeiro no que vou fazer para me salvar se as coisas derem errado." Ou em ouvir uma especuladora bem-sucedida dizer: "Calculo que perderei dinheiro em três de quatro negócios fechados. E não me surpreendo quando perco dinheiro em todos os quatro."

O precavido Gerald Loeb expressou essa ideia da forma mais surpreendente para mim. "No mercado de ações, o otimismo pode matá-lo."

É melhor descobrir o que está acontecendo.

Acontece que os usos de pessimismo entre os sortudos podem ser articulados em termos de duas leis cardinais. Essas leis estão entrelaçadas. Devem ser pensadas em conjunto, pois são duas partes de uma lei só. Para maior clareza, no entanto, vamos separá-las temporariamente e estudá-las uma de cada vez.

A Lei de Murphy

Pelo que consegui descobrir até agora, não existe nem nunca existiu um professor Murphy, criador da Lei de Murphy. As razões pelas quais esse nome em particular está associado à lei estão perdidas nas brumas do tempo. A lei, entretanto, é bem conhecida e muitas vezes reiterada entre engenheiros, empresários e outros que desejam ter certezas em um mundo incerto. A lei diz: "Se algo pode dar errado, dará."

Em um capítulo anterior, vimos que a sorte favorece os audazes, e estudamos algumas razões pelas quais a ousadia aumenta as chances de encontrarmos a boa sorte. Mas vimos também que as pessoas sortudas entram em novos empreendimentos equipadas com um mecanismo de catraca, para o caso de as coisas correrem mal. Pessoas de sorte são por definição favorecidas pela fortuna — mas uma razão pela qual elas são favorecidas é que nunca pressupõem que serão. Elas sabem que a fortuna é caprichosa. Um dia ela pode até tratá-la bem. No outro, dispensá-la sem qualquer cerimônia.

Nunca, suponha que você é o queridinho da sorte. Exatamente quando a vida o tiver levado a alcançar seu ponto mais alto e brilhante, quando você parece estar sendo carregado, acalentado e protegido por incontestável boa sorte — estará mais vulnerável à má sorte. É quando a euforia pode derreter seu pessimismo. Quando o pessimismo vai embora, você fica em estado de perigo. Baixa a guarda. Desconecta o mecanismo de catraca. Ignora estranhos pressentimentos que tentam dizer o que não quer ouvir. E então, de repente, está com a cara na lama e com o pé da fortuna em seu pescoço.

Helena Rubinstein, que fez fortuna em um mundo hostil a mulheres empresárias, compreendia bem a Lei de Murphy. Ela foi presenteada com um pessimismo inabalável que nenhuma euforia conseguiria derreter. Pouco antes de sua morte, aos 95 anos, ela escreveu um livro, *My Life for Beauty*, no qual descreveu o impressionante crescimento de sua empresa que começou como um salão de beleza de rua na Austrália, transformando-se em uma empresa de renome internacional. Ela reconheceu o misterioso papel da sorte na sua vida. O livro está repleto de frases do tipo "ironia do destino" e "anjo da sorte". Infelizmente, ela falou pouco sobre as causas por trás de toda a sua sorte e, em uma aparente tentativa de manter um tom leve, não disse quase nada sobre o que considero uma de suas principais características: esse bloco de granito de pessimismo.

Pessimismo? De fato. Uma vez, liguei para ela porque precisava entrevistá-la para uma revista. Assim que ela soube que eu estava ligando de um orelhão, insistiu que eu deveria lhe passar meu número, "para o caso de a ligação cair". A possibilidade não tinha me ocorrido, mas ela era uma mulher que conhecia muito bem a Lei de Murphy. Se algo pode dar errado, dará. E deu. A ligação caiu, e fiquei sem moedas para continuar a entrevista.

Claro que o pessimismo a havia ajudado de forma muito mais importante durante sua vida feliz e agitada. Sua própria versão da Lei de Murphy era: "Se existe um jeito errado de usar esse produto, alguém vai descobri-lo." E o corolário: "A mulher que descobrir isso terá muitas amigas que falam pelos cotovelos." Uma vez, quando um novo creme hidratante estava em desenvolvimento, ela perguntou o que aconteceria se alguém deixasse um frasco do produto em um radiador. O que aconteceria seria um potencial desastre comercial. O produto, quando aquecido, se transformava em uma sopa pegajosa repugnante. Ele foi descontinuado.

Em Londres, ela conheceu e passou a admirar Isadora Duncan, a bailarina. Helena Rubinstein sempre se sentira atraída pelo que chamava de "talento" para a decoração de interiores e roupas — o dramático, o colorido — e era fascinada pelos longos cachecóis e xales que a bailarina sempre usava. "Eu me perguntava como ficariam em mim", contou Rubinstein mais tarde. Mas, sendo adepta da Lei de Murphy, acabou descartando a ideia. Imaginou os lenços ficando presos nas portas, caindo na sopa em jantares chiques, puxando estatuetas frágeis das prateleiras. Nesse caso, seu pessimismo se justificou. Isadora Duncan morreu aos 49 anos quando as pontas de seu cachecol ficaram enroscadas na roda de um carro em movimento.

Isadora Duncan pode ter pertencido a essa problemática tribo de pessoas que psicólogos e médicos de família chamam de "propensa a acidentes". A maioria de seus acidentes foi trivial — topadas no pé, pequenos cortes nos dedos das mãos —, mas alguns foram ou poderiam ter sido graves, como quando ela caiu por um buraco no convés de um navio. Esses acidentes, evidentemente, não foram causados por imperícia ou inaptidão física, pois ela era uma mulher de extraordinária graça, pelo menos no palco. A verdade parece ser que Isadora Duncan era uma mulher que permitia que as coisas dessem errado, caso houvesse alguma possibilidade. Seu descuido, não só com relação a lesões físicas, mas em todas as áreas de sua vida, era às vezes incrível. Ela teve três filhos ilegítimos (todos morreram antes dela, um logo após o nascimento e dois em um acidente de carro). Vivia em conflito com várias agências do governo porque perdia passaportes e outros documentos. Além disso, estava sempre endividada e passou grande parte da vida fugindo de credores furiosos — não porque tinha renda insuficiente, mas por uma administração financeira ruim.

Uma velha teoria psicanalítica sustenta que uma pessoa assim — sempre em apuros apesar de ter grande talento, atormentada por acidentes, morta ainda jovem — provavelmente abrigava um desejo subconsciente de se destruir. A teoria ainda tem algum prestígio entre analistas de plantão, mas sua aceitação entre os profissionais de saúde mental está diminuindo. Dr. Frederick I. McGuire, psiquiatra da Universidade da Califórnia e autoridade nacionalmente conhecida em propensão de acidentes, analisa a teoria com cautela. "É verdade que sentimentos masoquistas e suicidas parecem estar envolvidos em alguns acidentes, mas não dá para generalizar. Existem muitas explicações possíveis".

Dr. Jay Livingston, psicólogo da Montclair State College que estudou perdedores crônicos entre os membros dos Jogadores Anônimos, concorda com o Dr. McGuire. "A antiga visão psicanalítica está desatualizada. Quer estejamos falando sobre acidentes ou qualquer outra variedade de má sorte crônica aparente, não é consistente com os fatos, pois sei que eles afirmam que a maioria ou mesmo muitos perdedores querem perder. Na minha experiência, a maioria das pessoas quer *ganhar*. Quando perdem, não é porque querem, mas por causa de outro problema — em muitos casos, um excesso de otimismo."

Para usar os termos da Lei de Murphy, uma suboferta de pessimismo. Esse parece ter sido o principal fator na surpreendente vida de Isadora Duncan, repleta de histórias de acidentes, documentos perdidos e problemas de dinheiro. Ela, confiava demais na sorte. "Pertenço aos deuses", escreveu em sua autobiografia um tanto pomposa e grandiosa. "Minha vida é regida por sinais e presságios..." Entrando em cada nova situação, ela esperava que esses deuses (dito de outro modo, a sorte) cuidariam dela. Raramente parava para perguntar o que poderia dar errado nem tomava precauções contra a má sorte. Uma vez, quando programou uma grande festa e apresentação de dança ao ar livre, um amigo sugeriu que talvez fosse prudente encontrar um local coberto alternativo em caso de chuva. Ela o repreendeu por ser "do contra" e acrescentou dramaticamente: "A vida é para ser vivida, não uma fonte eterna de preocupação!" É claro que choveu no dia marcado. Entre as poucas pessoas que apareceram estava o fornecedor do bufê, exigindo o pagamento por iguarias caras que não podiam ser armazenadas.

Esta é uma parte do paradoxo. As pessoas que confiam demais na sorte estão entre as menos afortunadas, pois a fortuna, quando vê que alguém se fia demais nela, dá um passo para trás. As pessoas de sorte evitam acidentes em grande parte porque são pessimistas. Elas se perguntam: "O que pode dar errado quando eu pintar o outro lado da porta do meu quarto? Claro! Mesmo que eu pendure um cartaz do outro lado, certamente algum cabeça de vento abrirá a porta no momento errado. A porta vai me acertar bem no rosto. Ou vai me acertar no cotovelo e fazer com que eu derrube o pincel no chão. Ou vai derrubar a lata de tinta. Ou todas as três opções. Para assegurar minha sorte, vou agir como se todas essas opções fossem de fato acontecer. Vou colocar a lata lá, e não aqui, e ficar com o pé contra a porta..." Por outro lado, os azarados tendem a dar de ombros e dizer: "Ah, vou confiar na sorte. As chances estão a meu favor. Só vou precisar de dez minutinhos para fazer o trabalho. As crianças não estão por perto, e meu avô está cochilando na frente da TV..." Podemos prever, é claro, que nesse dia do ano o avô não vai pegar no sono e vai sair pela casa andando aos tombos, procurando seus óculos.

Um estudo exaustivo, de longa duração sobre acidentes entre motoristas de ônibus, realizado na África do Sul, chegou a conclusões semelhantes sobre a importância do pessimismo. Entre os motoristas com maior número de acidentes no currículo, um traço de personalidade marcante acabou sendo o excesso de otimismo. Esse otimismo se aplicava em três direções. O mau condutor confiava demais em (1) suas próprias habilidades, (2) no bom senso dos outros motoristas e (3) na sorte. Alguns dos motoristas mais propensos a acidentes eram extremamente supersticiosos. Eles confiavam demais na sorte (que cada um definia do seu jeito, é claro) para enfrentar as agruras da vida e passar por cruzamentos perigosos, em vez de tentar controlar seus destinos por conta própria. Já vimos que uma boa superstição pode ser útil em certas situações em que precisamos tomar uma decisão importante — mas só depois de esgotar todas as abordagens racionais para resolver o problema.

O problema do pessimismo subdesenvolvido aparece em outro grupo de perdedores crônicos: a hostilizada tribo de homens e mulheres que estão sempre perdendo dinheiro em pistas de corridas e mesas de jogo. A teoria psicanalítica sobre impulsos autodestrutivos subconscientes foi aplicada a jogadores compulsivos e a pessoas propensas a acidentes. Já comentei antes que nunca encontrei dados concretos para fundamentar a teoria em qualquer cassino, pista de corrida ou jogo de cartas. Não funciona, exceto, talvez, nos casos de alguns indivíduos muito incomuns e perturbados. Quase todos os jogadores querem boa sorte. Quase todos ficam deprimidos quando perdem. Quando ganham, muitas vezes eles entram em delírios de exagerada alegria — e é em busca desse prazer, desse orgasmo emocional, que alguns consideram ser o mais profundo prazer da vida, que repetidamente colocam seu dinheiro nas mãos pouco confiáveis da fortuna.

Eles não têm a menor vontade de ficar sem dinheiro ou morrer de fome. Na maioria dos casos, o problema é excesso de otimismo. "Se você analisar a história de jogadores compulsivos", afirma o Dr. Jay Livingston, "verá que essas pessoas começaram a vida no jogo ganhando. No início, a sorte estava do seu lado. Elas gostaram tanto da experiência que quiseram repeti-la várias e várias vezes. As leis da probabilidade proíbem isso. Você sabe disso e eu também, mas o jogador compulsivo continua esperançoso."

A sina do otimismo. Dr. William Boyd, psiquiatra da UCLA e estudante dedicado do processo de assumir riscos, é outro homem que acha que a "sorte de principiante" pode ser perigosa. "Se você tem dentro de si as 'sementes' que criam um jogador compulsivo", afirma, "a melhor coisa que poderia acontecer seria perder de lavada nas suas primeiras apostas. Se o jogador compulsivo latente por acaso gostar da sorte de principiante, isso, pode ser uma tremenda má sorte. Pode selar o destino de alguém."

O mesmo se aplica à vida em geral. Uma forma de considerar o ramo de seguros é que ele vende pessimismo. Você adquire um seguro para protegê-lo contra a má sorte. Se não espera ter má sorte — se acha que as estrelas ou seus deuses pessoais ou outra entidade mística vão livrá-lo do mal —, não compra um seguro. "Como regra geral", afirma Peter Fagan, um representante da Northwestern Mutual, "meus clientes potenciais mais difíceis de convencer são jovens adultos que sempre tiveram boa sorte nas suas curtas vidas. Nada de ruim aconteceu a eles ou a pessoas da família — nenhuma doença, nenhum problema grave de dinheiro —, por isso se sentem invencíveis. Às vezes, é só uma vaga sensação, mas às vezes, eles realmente acreditam que são agraciados por algum tipo de favoritismo. Eles dirão: 'Ah, sempre tive sorte', ou 'Sempre que tenho alguma encrenca, alguma coisa acontece para mudar a situação'. Sempre me sinto mal quando jogo água fria nesse tipo de otimismo feliz, mas o fato é que essas pessoas muito sortudas são as mais vulneráveis à má sorte. Elas não compram seguro nem tomam outras medidas de precaução. Justamente porque pensam que têm sorte, elas podem ser as primeiras a ser atingidas por um azar tremendo no futuro."

A condição de se sentir com sorte pode resultar em grande perigo pessoal. Nunca deixe esse sentimento se instalar. Nunca se esqueça da Lei de Murphy.

Os jogadores profissionais — os mais calmos que vencem, em oposição aos compulsivos que perdem — vão além. Para eles, a

Lei de Murphy é branda demais. Eles não esperam só que algo dê errado. Não se preparam apenas para a má sorte média, mas para a má sorte absurdamente má.

"Os perdedores", diz um profissional de Las Vegas, "nunca pensam sobre o problema da 'pressão', como chamamos". Essa pressão nada mais é do que a demanda sobre o capital empregado no jogo durante uma maré de perdas. O jogador precisa ter capital suficiente para absorver uma série de perdas enquanto espera a hora da virada. Quanto mais capital tiver o jogador, mais pressão ele terá condições de suportar. O que os perdedores fazem normalmente é subestimar a pressão. Eles entram no jogo com pouco dinheiro. Imaginam: "Tenho o suficiente para sobreviver a uma maré de perdas." Todo profissional sabe que não é assim que as coisas funcionam. O jogador precisa estar preparado para enfrentar uma perda mais substancial. Você tem de estar pronto para encarar a pior sorte do mundo.

Essa verdade pode ser bem-ilustrada com o jogo romântico e enlouquecedor da roleta. Suponha que você escolha jogar um dos jogos de apostas fixas, vamos dizer vermelho e preto. Você se restringe a uma aposta de um dólar em cada grupo. A lei das médias, quando analisada, parece dizer que você tem chance de ganhar uma vez a cada duas rodadas, com uma perda ocasional extra quando a bola de marfim cai em um dos números verdes da 'casa'. Você pode dizer a si mesmo: "Sei que as cores não vão sair na mesma sequência vermelho-preto-vermelho-preto a noite toda, como no mecanismo de um relógio. Haverá rodadas de uma cor e rodadas de outra. Vou me preparar para o azar e imaginar que pode haver cinco rodadas seguidas em que perderei dinheiro. Com um dinheirinho extra para os números de casa, acho que consigo aguentar a pressão entrando no jogo com sete dólares. Com isso, posso jogar a noite toda!"

Assim, você estará liso na décima ou décima quinta rodada — ou, com pior sorte, mais cedo ainda. Você não deixou uma margem suficiente que leve em conta a pior sorte do mundo.

Se não fosse por esse problema da pressão, seria fácil inventar qualquer sistema infalível para vencer a roleta. Para vencê-la, você aumentaria sua aposta depois de cada perda. Você seria capaz de apostar o suficiente para que uma eventual vitória permitisse recuperar todas as perdas passadas. Parece simples, mas isso exigiria quantidades astronômicas de capital em um longo período de perdas consecutivas. (E, apenas no caso de haver alguém com quantidades astronômicas de dinheiro disposto a apostar, todos os cassinos se protegem criando limites máximos para os valores das apostas permitidas.) Principalmente por esse motivo, nenhuma das dezenas de sistemas "vencedores" que foram criados ao longo dos séculos para vencer na roleta — e ainda são vendidos a otários otimistas em Las Vegas e Monte Carlo hoje em dia — pode funcionar de forma confiável. Alguns funcionarão razoavelmente bem se você tiver má sorte média. Nenhum desses sistemas vai funcionar quando você se deparar com o que é quase certo de acontecer em longo prazo: a má sorte pior do que a média.

Martin Gardner, matemático, jogador e discípulo da aleatoriedade, é um forte defensor do princípio de que devemos estar preparados para o pior. Em um de seus ensaios publicados na *Scientific American*, ele citou um homem chamado Billy Lee, que disse: "Não se preocupe, um raio nunca cai no mesmo..."

A Lei de Mitchell

Martha Mitchell nasceu na obscuridade, no estado de Arkansas, batalhou seu caminho para o sucesso como modelo, casou-se com um advogado em ascensão, atingiu o ápice da fama e da fortuna, e viu sua vida desmoronar nos últimos dias inglórios da Administração Nixon. Dois editores e eu nos encontramos com ela para almoçar em Nova York em 1975. Queríamos falar de uma autobiografia que ela achou que poderia escrever. As notícias de jornal ao longo dos anos anteriores tinham nos preparado para encontrar uma mulher com voz estridente e ego enorme. Não foi essa a mulher que encontramos. Martha Mitchell disse suavemente: "A vida escorrega por nossas mãos. Se você acha que está no comando, está enganado."

Esta é a Lei de Mitchell. Usei o nome dela principalmente porque precisava de um nome (e também porque me afeiçoei muito a ela). Outros nomes talvez tivessem servido, pois outros homens e mulheres articularam a lei com suas próprias palavras. O recrutador de executivos Bill Battalia, por exemplo, dizia: "As pessoas gostam de falar que planejam suas vidas, mas pelo menos metade do planejamento é feito pela sorte, pelo destino ou qualquer que seja o nome que você escolha. Se um homem de sucesso me diz que planejou a vida exatamente da forma como se desenrolou, eu direi que ele está sofrendo de um caso típico de memória seletiva." Já Kirk Douglas dizia: "Gostamos de pensar que controlamos nossos destinos, mas é pura ilusão. Sempre existe o Fator X..."

O Fator X é a sorte. No começo deste livro, defini sorte como "eventos que influenciam nossas vidas e, aparentemente, estão fora do nosso controle". Se você acha que pode ficar imune a tais eventos, está enganado. Essa ilusão pode ser perigosa. "Houve uma época em que eu tinha o mundo aos meus pés", disse Martha Mitchell. "Tinha tudo que queria e também uma sensação de controle. Achava que tinha controle sobre minha vida. Eu pensava: 'Desde que tome cuidado, nada fugirá do meu alcance agora.' Bem, o sentimento era falso. Deu tudo errado. Se eu não tivesse me sentido tão segura e confiante, talvez até tivesse tomado alguma precaução ou alguma medida para evitar a derrocada."

Ela estava dizendo que o pessimismo poderia ter sido útil — pessimismo em relação ao seu grau de controle sobre determinados eventos. Na década de 1960, ela não poderia ter previsto tudo que aconteceria em sua vida: que o marido se envolveria em um desastroso escândalo governamental, que os dois despencariam do topo da próspera montanha de louros sociais e políticos em que viviam, que ambos se separariam no meio da tempestade que se seguiu e que ela ficaria sozinha, sem poder, doente e praticamente sem um tostão. Ninguém poderia prever essa incrível sequência de eventos. Mas a possibilidade de a má sorte atacar poderia ter sido prevista e levada em conta. De fato, Martha Mitchell poderia ter sido precavida, pelo menos em termos monetários — e também em termos emocionais —, para que a repentina chegada do azar não tivesse sido tão surpreendente e devastadora. No ápice da glória, ela poderia ter dito: "A vida escorrega pelas nossas mãos." Como admitiu tempos depois, ela chegou a essa conclusão tarde demais. Pessoas de sorte, de forma mais acentuada do que aquelas que não a possuem, estão cientes de que eventos imprevistos e incontroláveis podem acontecer em suas vidas a qualquer momento. Ninguém tem total controle sobre sua vida. As pessoas de sorte são aquelas capazes de se adaptar a esse ambiente de incertezas. Estão prontas para as oportunidades que surgem e se protegem contra as adversidades. Se a má sorte cruzar o caminho — como já vimos —, elas não a ignoram e continuam avançando cegamente em linha reta para atingir o objetivo traçado. Se a má sorte atacar, essas pessoas estão prontas para saltar fora do barco antes que ele afunde. Como uma tribo, os mais sortudos não alimentam ilusões de que a vida é organizada, que pode ser planejada, que acontecerá como desejado. Sua falta de organização lhes agrada e estimula, mas irrita outras pessoas, assim como irrita também os azarados. A diferença é que as pessoas de sorte aceitam a falta de organização como um fato da vida que precisa ser enfrentado, gostem disso ou não.

Os azarados tendem a questionar e discutir em vez de aceitar essa realidade. Isso está ilustrado em um estudo realizado pelo Dr. Eugene Emerson Jennings, professor de Ciências administrativas na Michigan State University. Ele analisou as vidas de executivos na tentativa de aprender que qualidades poderiam ser representativas do sucesso ou do fracasso. Nesse extraordinário livro que resultou de sua pesquisa realizada durante vários anos, *Executive Success* (Sucesso executivo), Jennings relatou que dois traços que se destacam na personalidade dos executivos "propensos ao fracasso" são "ilusão de imunidade" à má sorte e "ilusão de controle" sobre todos os eventos da vida.

"A função de um executivo é tornar realidade seus projetos", escreveu o Professor Jennings. "[No entanto] de vez em quando as coisas acontecem por acaso e por obra da sorte". O executivo que alcança sucesso de forma consistente está emocionalmente preparado para todo tipo de má sorte e não fica desmoralizado quando ela ataca. O executivo propenso ao fracasso, por outro lado, munido de suas duplas ilusões sobre imunidade e controle, tende a ser derrubado.

"Cada executivo tem um estilo de sorte", afirma o Dr. Jennings. O homem ou mulher de sucesso está ciente de que a má sorte pode acabar com os mais elaborados planos. Quando isso acontece, o executivo de sucesso fica infeliz, é claro, mas pode vencer a má sorte afirmando: "Parte disso foi em virtude da má administração da minha parte, mas parte foi puro azar." O executivo propenso ao fracasso não está emocionalmente equipado para lidar com desastres aleatórios dessa maneira serena. Como ele se prende à ilusão de que tem ou deveria ter controle total sobre os eventos, sua tendência é se culpar quando a má sorte ataca e as coisas fogem ao seu controle. A sua reação é: "Fracassei."

O matemático Horace Levinson sente que essa reação causa muitos problemas no mundo empresarial, pois a consequência direta é piorar a situação. Em *Chance, Luck and Statistics* (Probabilidade, sorte e estatísticas), o Dr. Levinson postula uma situação em que um gerente de vendas elabora um plano inteligente para conseguir tirar mercado de um concorrente. No primeiro teste do plano, a má sorte ataca e dá tudo errado. O gerente de vendas quer tentar de novo. Ele argumenta: "O plano foi destruído por eventos aleatórios. Esses eventos não vão se repetir da mesma forma da segunda vez." Talvez aconteçam de novo, sim, e qualquer bom pessimista estaria preparado para se defender. Mas outras pessoas na empresa não queriam sequer tentar novamente. "Vamos analisar os fatos", disseram. "O plano fracassou." Assim, uma ideia potencialmente boa é abandonada e talvez um bom executivo fique magoado. A história, afirma o Dr. Levinson, ilustra "um tipo de raciocínio muito comum nos negócios. Consiste em deixar de fora, em todo ou em parte, os elementos aleatórios que fazem parte dos negócios."

Nos relacionamentos humanos como um todo, se você se prender à ilusão do controle, correrá dois tipos de perigo. O primeiro deles é que você não preparará defesas contra a potencial má sorte que pode arrancar o controle das suas mãos a qualquer momento. O segundo é que, quando o azar ataca, você estará muito desmoralizado. Você reagirá inutilmente.

Os jogadores profissionais são mais inteligentes do que a maioria dos empresários nesse quesito. Nas palavras do Dr. Louis Mahigel, ex-jogador transformado em professor universitário: "O profissional sabe que os resultados de determinado jogo de cartas dependerão em parte da sorte e em parte da técnica. Ele é muito cuidadoso para manter os dois elementos bem separados na mente. Ele se aproveita de otários que, entre outros problemas, não fazem essa separação. Em geral, o otário acredita que tem mais controle do que efetivamente tem."

Se o otário tiver alguma sorte e conseguir juntar umas tantas fichas no jogo, normalmente reage de uma das seguintes maneiras. Pensa: "Nossa, sou muito esperto!", ou "a sorte está do meu lado hoje! Não tem como eu perder!" De uma forma ou de outra, ele desenvolve a ilusão de controle, achando que os eventos estão sob seu controle.

O jogador profissional do outro lado da mesa, observando isso, fica feliz. Sabe agora que o otário pode ser induzido a apostar grandes montantes em rodadas que não valem um centavo sequer. O otário não está preparado para o momento em que a sorte mudar. Ele acredita que sua técnica ou sorte, ou ambas, o tornarão invencível. O jogador profissional reforçará sua falácia com comentários cuidadosamente planejados: "Que aposta inteligente!... Você está com tudo hoje, hein!" O profissional tem capital suficiente para suportar a pressão e espera pacientemente até que a boa sorte finalmente cruze seu caminho. E, então, ele ataca.

O otário perderá tudo o que ganhou, mais todo seu capital — mais, se o profissional aplicar bem sua estratégia, tudo que ele conseguir pegar emprestado.

É sempre um erro ter certeza de que detém controle sobre os eventos. Entre as exposições mais claras dessa lição está um fascinante mas pouco conhecido livro publicado há alguns anos: *The Loser* (O perdedor), de William S. Hoffman Jr. Hoffman era um jogador compulsivo — ele gostava especialmente de cavalos —, e o livro é um relato de sua longa e lenta queda rumo ao abismo da pobreza, da dívida e da degradação. Ele violou praticamente todas as regras do Ajuste da Sorte, incluindo a última, a que exige pessimismo. Em particular, ele trazia consigo um velho ensinamento da Ética do Trabalho que aprendera com o pai, um treinador de atletas de algum renome. A moral era a seguinte: "Se você for bom, não precisa de sorte."

Já observamos antes que algumas lições da Ética do Trabalho cultivam a má sorte. Essa talvez seja a pior delas. É tão enganosa que a gente se pergunta como sobreviveu durante tantos anos. Hoffman, no entanto, como muitas outras pessoas azaradas, aparentemente a incorporou de forma irrestrita em sua filosofia geral de vida. Ele acreditou que era bom nas apostas de cavalos. Deve mesmo ter sido. Certamente, ele dedicava muito tempo às apostas. Mas tinha tanta fé na sua capacidade que menosprezou o elemento sorte. Era um elemento muito maior do que ele estava disposto a admitir. E acabou com ele.

Nunca ignore a possibilidade da má sorte. Ela está sempre presente. Duvide do seu nível de controle sobre os acontecimentos. Esteja preparado para perder o controle a qualquer momento, em qualquer direção, com qualquer resultado possível.

Martha Mitchell estava certa: a vida escorrega pelas nossas mãos.

***

Analisamos separadamente a Lei de Murphy e a Lei de Mitchell. Agora vamos juntá-las e ver o resultado. A Lei de Murphy nos aconselha a não depender demais da sorte, pois as coisas podem não dar certo. A Lei de Mitchell nos aconselha a não depender demais do nosso próprio controle sobre os acontecimentos da vida, pois esse controle é menor do que acreditamos.

As duas leis afirmam: nunca entre em uma situação sem saber o que fazer se algo der errado.

Esse é o tipo de pessimismo dos sortudos. Em meio ao pessimismo, no entanto, existe um tipo especial de otimismo, pois a má sorte pode nos tirar o controle em determinado momento, mas a boa sorte também pode fazer isso. Vimos essa agradável possibilidade quando tratamos do fenômeno da fortuna, que favorece os audazes. Os audazes estão prontos para aproveitar a boa sorte quando ela cruza seu caminho, mesmo que isso signifique seguir em uma direção nova e não planejada. Eles não tentam assumir o controle total de suas vidas a ponto de ignorar as marés de sorte que estão ao nosso redor.

Assim, podemos dizer que as pessimistas leis de Murphy e de Mitchell têm este corolário otimista: se alguma coisa der certo, não discuta.

Dto de outro modo: quando a boa sorte sorrir para você, não resista.

Não resista. A vida é escorregadia, por mais que você tente controlá-la. O controle perfeito é uma ilusão. Boa sorte.

Este livro foi composto na tipologia Arno Pro,
em corpo 11.5/15, e impresso em papel off-white no Sistema
Cameron da Divisão Gráfica da Distribuidora Record.